宅經濟誕生秘話

日本漫畫產業告訴我的事

從雜誌到單行本、動畫、多媒體結合，資敏用一本書，展現了日本漫畫出版的發展樣貌。無論是動漫愛好者、亦或是關心出版界的讀者，這本書都值得用心一看！

李衣雲／政大台史所教授

透過作者的專業析論，我們可以理解到，漫畫不僅是當代日本流行文化的原點，也是日本內容產業最主要的創意來源。

李世暉／政大日本研究學位學程教授兼主任

日本漫畫史大都輕甜莞爾，可是本書卻多了札實的重量感，因為作者用超濃的苦心在考證資料，講敘一段競逐市場、開拓熱血的產業史詩。

蘇碩斌／台大台文所教授

想知道日本動漫從無到有、到享譽國際其背後的產業策略？想了解編輯對一本漫畫成功與否的重要性何在？這是第一本提供詳實且豐富日本動漫產業發展資料的中文出版，強力推薦給大家。

王佩廸／交大通識動漫與數位文創學程兼任助理教授

二〇一一年日本動漫產品全球總收入達一點二兆日圓，佔日本GDP10％以上，甚至超過汽車工業。動漫產業如何發揮超越傳統產業的軟實力？這個議題早已成為國際間產業研究的熱門項目，台灣卻少見相關論述，資敏以嚴謹的學術研究方法著手解析，帶領讀者一窺箇中奧秘。台灣要如何以軟實力擠身國際產業舞台？或許《宅經濟誕生秘話──日本漫畫產業告訴我的事》會是叩問解答的第一塊敲門磚。

蘇微希／開拓動漫祭執行長

「C」的誕生

一九四五至一九六〇年代末的漫畫產業

從「C」到「ACG」

一九七〇至一九八〇年代末的ACG產業

從「ACG」到「內容產業」

一九九〇年代至現在的多角化文化產業

在此誠摯感謝日本台灣交流協會、
京都國際漫畫博物館、
指導我的師長們、
接納了這本書的奇異果文創、
以及給予我鼓勵的親朋好友們，
少了你們之中的任何一人，
這本書都無法誕生。
謝謝你們！

自序：文化產業是什麼，可以吃嗎？

在進入正題前，我想先談談寫這本書的初衷。最初開始寫這篇論文，是因為想透過產業分析，擺脫文化產業討論經常出現的「精神論」，也就是「只要有好作品，就不怕沒市場」，這樣的觀點讓許多討論最終都以「努力創作更好的作品」為結論收場。確實，優秀的作品是文化產業的基礎。但什麼才叫做「好作品」？什麼決定了文化商品能否被市場接受？單單推出好作品就足以賣出去了嗎？

早年製造業的競爭也多聚焦於產品生產，但隨著工業時代過度生產成為常態，如今行銷、消費文化對製造業都越來越重要。那麼，對於生活中絕不缺乏各種娛樂的現代人來說，文化產業是否也面臨了和製造業相同的過量生產情況？此外，文化產業與製造業應該採用同樣的方法分析嗎？

本著這些疑問回顧前人們的研究後，我認為文化產業並不完全適用製造業的分析方式，因為「媒體傳播」及「社會文化」對於文化產業的重要性，可能遠大於對製造業的重要性。當然，製造業如今也透過行銷賦予工業產品附加價值，例如品牌形象（象徵性）、故事性、與消費者的連結等；社會文化有時也會影響工業產品的市場，像是牛仔褲所象徵的階級與文化在歷史上就有所轉變。不過這些之於工業產品都只是「附加價值」，但卻是文化商品的「核心價值」。

於是我認為，由於產品競爭的核心價值不同，文化商品的產業形態、競爭機制及生產過程，應該也不能直接採用製造業的方式來討論，因而我決定摻雜媒介及社會文化觀點來進行討論。本書和媒介研究、社會文化研究最大的差異在於前人關注文化產業的機制，而本書則希望了解這些機制如何形成、產業經營者在這過程中扮演什麼樣的角色，又如何去運用。透過實例觀察，我想對於思考文化產業機制時，或許能有比較具體的想像。

在案例方面，我決定以日本ACG產業作為成功的文化產業案例。台灣媒體普遍將ACG產業稱為日本動漫，但這個名詞其實已經有些過時，現今這些產業的消費者，所消費的對象遠不只有卡通、漫畫而已，除了遊戲以外，像是輕小說、聲優、Vocaloid（以初音未來為代表）、布袋戲、歐美影劇都是這類消費者消費的對象，而衍生出的消費者文化也相當多彩，像是Cosplay、同人誌、網路歌手、遊戲實況主等等，目前相關產業及文化也仍然持續發展中。

ACG消費者很習慣由一個文本衍生出的眾多不同形式商品，並為此投入大量時間及金錢，坊間目前多以「御宅族」、「ACG迷」❶等名詞來稱呼這些消費者，而其文化影響力及市場潛力，近年來也相當受到日本政府重視。

至今為止日本動漫產業相關的研究多從社會文化角度切入，因此累積了許多消費者文化研究，產業方面雖也曾有過一些不同途徑的研究，但由於各自只專注某一層面，所以較難看到產業形態的全貌，結論也容易只關注其中一個面向，使得台灣意圖要仿效日本的成功經驗時，較難整體性地去思考台日雙方的文化、產業環境、市場有什麼差異，只能從經驗摸索如何修正。

作為一個「動漫迷」，我固然喜歡日本ACG商品，卻也希望台灣能有一天走出自己的路。當然本書並不妄圖能找出文化產業的成功方程式，只是日本ACG產業如今擁有長期穩定的產出、與其他產業合作關係良好，消費者文化也極其活躍，我認為或許從其演化脈絡中，可以得知這樣的成就經歷過哪些環境變化，而經營者又做出什麼決定、為什麼會做出這樣的決定。

前述也提到，我認為「媒體」和「社會」對文化產業的影響相當重大，因此本書並不打算只關注生產者在產業發展脈絡中的行為，也希望同時了解每個時代的消費者文化及媒體環境，進一步探究這些主體之間的互動。此外值得一提的是，雖然一般製造業中管理者通常可代表企業或產業的整體決策，但由於文化產業的組織權力關係並不固定，有些時候甚至是管理者必須遷就創作者的意志，因此在某些章節中，也會將當代創作者的動向區分出來討論。

最後，由於篇幅所限，本書無法盡述ACG產業的種種，因此將會以日本漫畫產業作為討論主軸，至於為什麼是選擇漫畫產業，而非產值更高的日本遊戲、動畫產業，這點將在接下來的ＡＣＧ產業概觀進行說明。

如果你對日本ＡＣＧ產業曾經、正在、未來即將面對的各種問題有興趣，本書雖未能盡善盡美，但或許可以提供一些思考面向。

❶ ＡＣＧ為動畫（Animation）、漫畫（Comic）、遊戲（Game）之縮寫，為日本相關產業中最核心的三項產業，因此經常以ＡＣＧ產業來代稱。ＡＣＧ迷顧名思義就是這類產業的消費者，而御宅族最初是用來蔑稱動漫狂熱者，但現今日本社會對於「御宅族」的名詞觀感已較為中性，目前除ＡＣＧ以外的其他產業也可適用。

導論：非ＡＣＧ迷也能快速上手的產業概觀

現代日本ＡＣＧ產業是以漫畫、動畫、遊戲三大產業為中心，配合其他眾多相關產業的產業群。

文化商品改編成其他類型可說是文化產業自古皆然的現象，如小說改編成戲劇、繪畫等等，但這個特性在日本ＡＣＧ產業更為明顯。據日本數位內容協會（デジタルコンテンツ協会）估計，日本內容產業對其他產業的效果能擴大產生約一點七倍的市場，廣義的動漫產業甚至可佔日本ＧＤＰ約十多個百分點，而Ａ、Ｃ、Ｇ這三個核心產業更可說是焦不離孟、孟不離焦，並在產業端和市場端都能見到這樣的現象。

產業端盛行媒體混合（Media-mix）❶的經營方式，不僅ＡＣＧ產業之間的相互改編十分頻繁，近年來小說、電視劇、電影、舞台劇、音樂劇、廣播劇等等諸多不同媒介的改編也逐漸成為常態。周邊商品也從過去流行的玩具、文具等小型商品，開始擴展到高單價的名牌，甚至是博物館、遊樂園等大型設施，並有成為ＡＣＧ產業常態的傾向。

至於市場端，日本ＡＣＧ產業的核心消費族群有極高重疊性。雖然ＡＣＧ產業的消費者通常有其偏好消費的商品種類，但對其他ＡＣＧ商品仍舊保持一定的關注程度及興趣，並隨時可能被激起消費意願。如今這些消費者願意消費的商品與服務範疇不斷擴大，除了「二次元」類型的商品外，也逐漸拓展到「二點五次元」❷、「三次元」。這種消費文化與產業端的策略相輔相成。

為什麼選擇漫畫產業作為討論的軸心？

漫畫產業稱得上是日本ACG產業的源頭。日本現代漫畫起源早於動畫及遊戲產業，而如今漫畫產業在ACG產業中不僅仍然活躍，也仍是ACG商品生產的大宗。據小學館二〇〇六年調查，日本電視動畫有接近七成是改編漫畫原作，或以漫畫作為基底進行原案發想❸，雖然遊戲產業沒有公開過電玩作品改編自漫畫的相關數據，不過從許多日本遊戲的美術風格、消費者市場，也可觀察到與動漫畫消費者的喜好明顯相關。

漫畫改編成其他媒介的歷史也是由來已久，現今仍持續不墜。二〇〇九年日本最賣座的十部日本電影中，原作為漫畫的電影就佔了七部之多（包含動畫電影及真人演出電影），就連好萊塢也購買了不少日本暢銷漫畫的電影翻拍權。此外也有不少漫畫改編的電視劇，海外也有翻拍自日本漫畫的偶像劇，例如台灣就曾改編《流星花園》、《貧窮貴公子》等日本漫畫作品。

從以上例子可以發現，漫畫從過去到現在都是ＡＣＧ產業的核心，因此本書將以日本漫畫產業作為ＡＣＧ產業發展歷程的主要探討對象。

本書所討論的「漫畫」，是指什麼漫畫？為什麼是從戰後開始？

要了解今日的日本漫畫產業，得先從「漫畫是什麼」談起。漫畫的定義其實相當廣泛，許多觀點認為日本漫畫的起源是浮世繪或十二世紀的鳥獸戲畫。日本戰前也受到歐美影響，報刊上出現時事諷刺漫畫，這些繪畫形式都被稱為「漫畫」，但生產模式與本書所探討的日本漫畫產業有很大的差距。反倒有些創作類型本身未必被視為漫畫，卻是早期日本漫畫產業的人材來源，例如紙芝居、繪物語、劇畫等（詳見後述）——若純粹以「漫畫」兩字來定義研究範圍，就會讓這些影響了日本漫畫產業的創作形式被排除在外，而時事諷刺漫畫明明與日本漫畫產業的牽扯不多，卻只因為名稱有「漫畫」就納入討論，這將使得整個討論失焦，因此本書將以「對現代日本漫畫產業有所影響的創作類型」為脈絡來討論。

那麼進一步討論，「現代日本漫畫」又是什麼？簡單來說，現代日本漫畫有其自成一格的特殊「文法」，熟悉日本漫畫的人可以從畫格的形狀、背景的抽象圖案、各種表達人物情緒的符號、對話框形狀，來解讀出對應的涵義，但對看不懂的人而言，日本漫畫的分格順序混亂而難以閱讀，也不容易區分台詞是發自哪個人物，圖中還有一堆意義不明的符號和線條……這種特殊文法的存在，可從歐美國家出版日本漫畫時，會在書中附上閱讀順序說明得知。而同樣是「漫畫」，一般人在閱讀報紙上的四格漫畫、時事諷刺漫畫時，卻鮮少需要額外學習閱讀方式——即便一九五〇年代日本開始向現代日本漫畫的過渡時期，有些作品也會在格子裡標註閱讀順序，可見這些特殊文法的形成，並不是與生俱來的。

這些對外人來說十分難解的「日本漫畫文法」，主要是自二次世界大戰後開始被大量運用。戰後的日本出版市場上除了漫畫外，還有各種不同類型的圖文複合藝術創作，而當時手塚治虫在漫畫中加入不同以往的表現手法，廣受兒童歡迎。這些前所未有的「新式漫畫」當時受到社會大眾排斥，甚至有家長發起「惡書追放運動」，要求政府處置這些有害兒童身心的漫畫，但這些戰後的新式漫畫不但沒有就此消失，還持續演化、吸收各種不同的表現方式，持續吸引不同世代的消費者，直到半個世紀後的今天——最初新式漫畫引發戰後兒童讀者的熱烈迴響，或許是一種偶然。但本書注意的是在商機出現後，日本出版產業所做出的應對——他們如何試探這股熱潮是否有長期發展性，又如何延續熱潮？當環境改變時，他們又做出了什麼策略？

因此，本書的「日本漫畫產業」便是以戰後手塚治虫所帶起的新式故事漫畫，以及與漫畫相互影響的「劇畫」這兩條脈絡為中心進行討論。這兩種漫畫曾刊載於各種媒體上，包含：學年誌❹（学年誌）、少年雜誌、少女雜誌❺、貸本等等，這些媒體對產業發展的影響，也包含在討論範圍內，至於其他生產方式不同的漫畫，如前述提到的報紙漫畫、時事諷刺漫畫、學習漫畫（学習まんが）❻等等，則不會加以討論。

多樣的作品及媒體類型

過去許多漫畫研究已經顯示，日本漫畫產業有非常豐富的題材類型，消費族群的性別及年齡跨度也相當大，例如少女漫畫、色情漫畫、ＢＬ漫畫、職場漫畫等幾乎可說是日本獨有的漫畫類型，因應這些不同漫畫，刊載的漫畫雜誌也有相當細緻的市場區隔。

放眼全球的漫畫出版業，日本採用雜誌這樣的媒體來刊載漫畫也是相當特殊。日本漫畫產業通常會發行兩種形式的商品：漫畫專門雜誌及漫畫單行本。一本漫畫專門雜誌上會刊登許多漫畫作品，其間摻雜廣告、活動資訊或編輯部策畫的雜誌單元。漫畫單行本是一種圖書形式的出版品，內容通常只收錄單部作品或同一作者的作品。漫畫雜誌上刊登的作品，通常會集結為單行本再次發行，內容大致上也是一樣的。部分受歡迎的漫畫作品可能還會發行數種不同版本的單行本，像是文庫版❼、完全版❽、主打便利商店通路的廉價版等等，加上近年來數位出版市場日漸成熟，有些漫畫作品還會發行電子書版。

當然一部日本漫畫會發行幾種版本，還是受不同出版社的習慣和作品本身的市場影響，因此並不固定，但幾乎所有日本漫畫都會發行雜誌、單行本兩種版本。這種發行方式是受到日本漫畫產業發展過程影響，歷經了長期演變而成，目前全球除了受日本影響的台、韓以外，大部分國家出版漫畫時，通常只會選擇單行本或定期性刊物其中一種媒體發行，就算發行定期性刊物，一本刊物裡也通常只有一部作品（例如美國及香港），與日本習慣多作品合一的雜誌形態不同。這種媒體形態對日本漫畫產業的影響，以及目前歷經不景氣衝擊後受到的挑戰，將在後續章節說明。

快速有效率的創作團隊

日本漫畫產業的一大特徵，便是以漫畫家為主的創作團隊。

作畫部分通常由漫畫家搭配助手而成，劇情大綱則是由漫畫家與雜誌編輯討論後決定。有些漫畫家還會進一步與腳本家合作，達到更細緻的分工。

這樣的創作形式能較有效率地進行創作，而被視為日本漫畫產業能如此豐富高產的原因之一。至於日本漫畫產業為何會發展出這樣的團隊分工方式，如今漫畫產業收入結構改變，可能會產生什麼樣的變化，也將在後續進行討論。

專業宅：日本漫畫的起源

漫畫史學者清水勲主張，日本漫畫可追溯至十二世紀平安時代末期的《鳥獸戲畫》，不過那時出版還不屬於為一般大眾服務的行業。漫畫開始可以被「大量複製」並走向大眾娛樂，是自日本江戶時期的木版畫開始；而最早採用「漫畫」一詞的作品，一般認為是一八一四年葛飾北齋的浮世繪作品《北齋漫畫》——但以上這些都是廣義範圍的「漫畫」，至於本書探討的戰後漫畫，實際上的起源應可追溯至日本明治時期（1868-1912）開始流行的大眾讀物。

明治時期由於印刷術受到工業時代技術改良，各類報紙、雜誌紛紛創刊，歐洲的「分格圖像說故事」表現方式也傳入日本，當時不僅有刊登單幅時事諷刺漫畫的漫畫雜誌，少年少女雜誌及貸本也開始刊登漫畫（關於貸本，將在後續章節進行說明），不過當時還並未有統一名詞稱呼這些圖文創作。

據學者吳智英的看法，「漫畫」一詞廣為日本大眾認知，是由於報紙《時事新報》週日版的〈時事漫畫〉單元，當時漫畫還有許多稱呼，例如常刊登於雜誌的「ポンチ絵」（PONCHI 畫）等等❾。在這些多樣化稱呼並存的環境中，社會大眾逐漸開始習慣漫畫的表現方式。

至於第一部近代日本漫畫作品的出現，目前學界尚未產生共識，有學者認為是一九二一年《朝日新聞》的岡本一平連載小說〈人的一生〉所附錄的分格漫畫；也有人認為始於一九二四年漫畫家麻生豐在《報知新聞》連載三年的〈悠閒的爸爸〉。其他被認為可能是日本近代漫畫起源的，還有宮尾重在一九二二年於《東京每夕新聞》連載的〈漫畫太郎〉、一九二三年《朝日俱樂部》創刊號上由東風人作畫的〈小正的冒險〉等等，究竟哪一部才是日本現代漫畫起源，還是沒有統一的看法。

日本社會進入昭和時期（1926-1989）後，有些刊載於少年雜誌上的漫畫大受歡迎，田河水泡一九三一年在《少年俱樂部》連載的《野狗黑吉》獲得全國廣泛年齡層迴響，不僅成為當時罕見的長期連載漫畫，以單行本形式再發行後也十分暢銷，在戰前就改編成了兒童劇唱片及動畫電影，民間甚至出現許多冠以主角黑吉圖案或名字的商品，可以說是現代漫畫產業所流行的「角色經濟」先驅。此時的漫畫在表現形式上雖然仍與戰後有所區別，漫畫也還未形成一個具規模的產業，但已隱有現代漫畫產業的部分特徵。

雖說日本漫畫產業的許多商業手法是現代因應市場需求後，才開始成為業界常態，但戰前並非完全沒有使用過；而雖然現代漫畫受戰後崛起的漫畫家們影響深遠，但這些創作者同時也受到許多戰前的藝術創作影響[10]。本書雖從戰後作為現代漫畫起點，但不論從商業手法或藝術創作的角度來看，日本出版產業自戰前開始積累的業界經驗，都是不可忽視的。

❶ 短時間內於不同媒體上發行同一文本的作法，日本書化產業近年來稱為「媒體混合」（メディアミックス，Media-mix），中文常使用「跨媒體製作」一詞，也就是利用在不同媒介上發行同一作品，來增加同一作品的曝光。例如於漫畫連載期間，將漫畫改編成電影、電視劇。

❷ 二次元是ACG迷經常用的俗稱，由於漫畫、動畫、電玩都是存在於平面的虛擬世界，故稱二次元，三次元則通常是指現實世界存在的人事物（非指3D影像），二點五次元則經常被用來指稱在現實中重現作品世界的情形，如模型、cosplay、聲優、ACG作品改編成的舞台劇等，但由於只是俗稱，並沒有很嚴謹的定義。

❸ 關於原作及原案的差異，依日本習慣，文本改編至其他媒介時，原作品的著者稱為原作，但有些作品改編時雖然沿用原作品的世界觀、主要角色，但劇情是另行構思，也可能會加入原創的人物造型、場景，此時仍然稱原作品為原作，而新作品獨創部分稱為原案，以區別創作者。原案發想者依據工作內容不同，可能會有角色原案、故事原案等不同稱呼，原案發想者跟實際上完成創作的創作者，也可能有所不同。

❹ 學年誌是因應不同學年之青少年及兒童的知識程度所編纂的兒童雜誌，內容除娛樂單元外，也包含知識、教育單元，亦被稱為學習雜誌（学習雑誌）。

❺ 少年雜誌即以少年為預設讀者群的綜合雜誌，少女雜誌則以少女為對象。

❻ 學習漫畫是使用漫畫表現方式來傳授知識的漫畫，也有人稱為情報漫畫。內容多少帶有誇張的娛樂化表現方式，但必須以不扭曲知識傳遞為前提。過去主要用來提升兒童對學習的興趣，近年來也出現以成人為對象的學習漫畫。例如《學習漫畫：世界傳記》、《東大式麻將入門》等。學習漫畫多以單行本形式發行，其產製流程也與多半作為娛樂讀物的一般漫畫不同，故本研究不將之納入研究範圍。

❼ 由於日本出版業採定價銷售制，書籍不得任意調整價格，因此經常會發行不同尺寸、價格的版本來因應不同族群需求，「文庫」尺寸通常較「新書」（一般單行本）小，售價也較便宜。

❽ 在漫畫專門雜誌上連載的漫畫作品，有時會將其中幾頁上色來吸引讀者，但由於單行本通常以黑白方式印刷，因此這些作品重新發行為單行本時，一般會用黑白方式印刷彩頁。而有些廣受歡迎的漫畫作品，讀者希望彩稿頁能以雜誌連載時的樣子忠實呈現，出版社為因應這些需求，而特別發行含黑白及彩色頁的單行本，通稱為完全版。

❾ ポンチ絵語源來自英文諷刺漫畫雜誌《Punch》，有三格、四格及六格漫畫等表現形式。

❿ 有學者指出，戰前以來在少年雜誌及少女雜誌上刊載的其他圖文創作，對日本近代漫畫表現也有所影響，例如圖片搭配詩句的抒情畫（イラスト画）、大正時期所流行搭配分格插圖的「電影小說」、「漫畫小說」，由文章搭配插圖的「えとき」（繪解，也有「えばなし」（繪話）、「絵物語」（繪物語）等稱呼，但這幾種創作形式之間的差別並不明確），以及爾後影響「劇畫」一派的紙芝居（連環畫劇）等。

「C」的誕生

——一九四五至一九六〇年代末的漫畫產業

混亂的戰後出版市場

台灣讀者可能不熟悉戰後的日本社會，但當時的大環境對於出版品發展其實相當有利。由於戰爭期間出版業曾受軍國政府管制，以及戰時物資優先供給軍事相關產業，而娛樂文藝雜誌的紙張配給順位較低，因此物資調配有很大困難，使得原本的出版體制受到很大影響。當戰爭於一九四五年結束後，戰後重建便成了日本出版產業首先必須面臨的狀況。也因此，日本出版產業戰後面臨百廢待興、生機盎然的大環境。

戰後出版業的自由與限制

相較於戰後初期艱困的物質環境，日本民眾才從娛樂與思想鉗制的管制中解放，相當渴望精神上的調劑，加上娛樂環境又不如現代豐富，對出版業而言是一展鴻圖的大好機會。

據許多戰後從事出版業的人士回憶，當時可說只要是「印著字的紙」都能售出。消費者對出版品內容並無太多要求，如果封面用彩色印刷還能造成轟動和搶購，而新書發行日前一晚書店前甚至大排長龍——這些光景現今實在難以想像！創辦漫畫雜誌《Garo》的長井勝一回憶，戰後他曾購入破損缺頁的漫畫，把書頁重新裝訂成合集後販售。雖然書頁破損、胡亂裝釘而導致漫畫順序顛三倒四、故事不連貫，但整車的漫畫還是銷售一空。

當時日本政府一方面開放了出版自由（出版社可自由成立、復行刊物），另一方面出版品卻又必須先給GHQ（駐日盟軍總司令）檢閱，並禁止內容中出現時代劇、柔道、劍道等等在戰時與愛國主義相連結的題材，而「復仇」等字眼自然也不被允許。

GHQ不只管制出版品，也針對戰前的大型出版社進行肅清（日文稱「公職追放」），以「宣揚戰爭思想」為名解雇部分出版社職員，並禁止他們從事任何工作——但整體上出版風氣仍較戰時自由。

小眾出版提供漫畫刊載空間

在這樣的大環境下，當時日本的圖書雜誌可分為兩種出版系統：一是目前仍然存在的一般出版系統，通常經由書店銷售。另一種則是透過書店以外的流通管道進行販售或租賃，這些出版品又可分為貸本（純為租賃而出版的書籍）及赤本。

赤本的紙質、印刷品質低劣，透過赤本出版社的銷售員巡迴發貨到雜貨店。赤本售價可由雜貨店自行決定，甚至可作為其他商品的促銷贈品。而消費能力有限的兒童在雜貨店購買便宜零嘴時，就能購買赤本。

貸本也是由專門出版貸本的出版社製作，這些貸本出版社因應戰後大量興起的新形態貸本屋出現❶——貸本經由經銷物流送往貸本屋供人租閱。

當時一般出版品和赤本、貸本幾乎可說是完全不同的兩套出版系統，交流也不多。除了經銷物流管道的差異外，赤本、貸本的發行量通常比一般出版業小得多，屬於小眾出版業。雖然赤本、貸本是出版業小眾，對現代日本漫畫的影響卻非常大，有許多漫畫家戰後便是靠貸本、赤本漫畫為生，像名漫畫家手塚治虫，也是從赤本出版體系發跡，才轉向主流出版界。

漫畫在戰後的主流出版系統中，不過是少年、少女雜誌中的一小單元而已。當時的少年、少女雜誌是以文字為主的綜合刊物，通常會以適合少年、少女閱讀與優良讀物為號召，內容有一些配插圖的小說、科學知識等等，而「無教育意義」的漫畫只佔雜誌的一小部分。像是沿襲自戰前的雜誌編輯方針的少女雜誌內容中，抒情畫及小說約佔三到四成，電影、寶塚劇團及演藝界相關記載佔兩到三成，而幽默漫畫（戰前風格的漫畫）僅佔一成，其他還登了手工藝、時尚、料理、文化生活等等資訊。雖然少年雜誌相較下刊載的漫畫比例較高，像一九二〇年代中後期《少年俱樂部》每期均有二十頁左右的內容是漫畫，但刊物基本上仍以文字為主。

相對的，赤本、貸本漫畫屬於地下化與小眾的純娛樂讀物，並不那麼注重教育意義，對於漫畫的頁數、內容都較為寬容。曾有戰後的貸本漫畫愛好者回憶，當時他之所以喜歡看貸本漫畫，就是因為貸本漫畫可以一口氣讀一整本，感覺比較暢快。

從當時的媒體環境，我們至少可以得知：發行量大、較具影響力的主流少年、少女雜誌，很難說是漫畫的主要發表管道。反而像赤本、貸本這類「上不了檯面」的出版業，由於受到的輿論限制較小，因此吸收了許多圖文創作者，讓他們能以漫畫創作維生——當然這未必代表赤本、貸本出版社有栽培漫畫人才的雄心壯志——如今回頭檢視這段戰後歷史，若當時沒有赤本、貸本這些非主流出版體系吸收失去工作的紙芝居、繪物語創作者，日本漫畫產業或許將需要更長的時間，才能重新孕育一批漫畫人才了。

專業宅：紙芝居、繪物語及貸本漫畫

戰後赤本、貸本出版社想要出版漫畫，當然便需要創作者供稿。當時有不少投身貸本漫畫界的漫畫家，原本是紙芝居和繪物語的創作者，他們將紙芝居、繪物語的創作經驗運用在貸本漫畫創作，因此在日本漫畫史上，這兩種創作類型對漫畫的影響是不容忽視的。

紙芝居是一種類似說書人的表演藝術，又稱連環畫劇。表演者事先繪製許多故事場景的插圖紙卡，隨著情節發展依序向觀眾展示，同時由表演者自行配上旁白和台詞，有點像是插圖版的野台戲。這種表演自一九二〇年代起在日本隨處可見，是戰前以來少數的兒童娛樂之一，到一九四六年到五〇年代初期仍十分流行，直至一九六〇年左右因電視流行而沒落。

繪物語是一種圖文複合創作，算是紙芝居的文字版。當時因為紙芝居大為流行，有少年雜誌編輯提案將紙芝居的插圖刊於少年雜誌上，並將表演者的口白改以圖片旁的說明文字代替，當時稱為「誌上紙芝居」，後稱「繪物語」。繪物語流行於日本戰後至一九五〇年末，基本形式為一幅插畫佐一段文字，有些作品是直接將當時流行的紙芝居內容照搬到雜誌上，也有些衍自繪本。代表作如永松建夫的《黃金蝙蝠》（1946）、山川惣治的《少年王者》（1947）等等，都獲得當時日本兒童讀者的歡迎。

值得注意的是，紙芝居、繪物語、漫畫這三者之間並非承先啟後的關係，而是有過一段並行存在的期間，彼此相互影響，但最後只有現代漫畫存活下來。雖然前兩者形式上可能更接近於繪本或戲劇，而非「漫畫」，不過對日本漫畫的影響卻是受到肯定的。若有機會造訪日本京都國際漫畫博物館，不妨體驗一下館方每日固定演出的紙芝居表演。

❶ 日本戰前就已有貸本屋，不過戰前的貸本屋多半由二手書店兼營，這些二手書店為了找尋買主而出租二手書，收入主要來自於二手書販賣，但戰後貸本屋和台灣的租書店相似，主要收入就是租金，因此戰後貸本屋會主動購入新書（赤本也會供貨給貸本屋），租書價格又比購書便宜，大受戰後經濟狀況拮据的客層歡迎。而貸本出版社出版的書籍不會在書店販賣，專門供貨給這些貸本屋租閱，與台灣租書店的生態不同。

小孩變壞怎麼辦？戰後漫畫對社會的衝擊

戰爭結束後大約兩年，影響現代日本漫畫產業的漫畫家手塚治虫發表了一部作品，大為轟動。

一九四七年，手塚治虫與酒井七馬合作的赤本漫畫《新寶島》出版，此漫畫以當時日本漫畫罕見的電影式運鏡手法繪製，具有刺激的臨場感，締造出四十萬本以上的銷量佳績。這在小眾出版業的赤本是相當驚人的。此後手塚治虫的漫畫帶起了以關西為中心的赤本漫畫出版熱潮。

同一時期主流出版業的少年、少女雜誌，正是山川惣治等繪物語作家最活躍的時期，有許多少年、少女雜誌都以繪物語為賣點❶。換句話說，當時雖然手塚治虫的漫畫已在赤本出版業界聲名大噪，但在以東京為中心的主流出版界中卻幾乎無立足地，因此手塚治虫對雜誌漫畫的影響，要等到一九五〇年代後才展開。

手塚風潮

為什麼手塚治虫這個漫畫家值得被單獨提出來討論？這是因為現代日本漫畫慣用的許多「文法」，便是由手塚治虫所開創，也因此許多從藝術表現或符號觀點切入的日本漫畫史，會稱手塚治虫為「漫畫之神」。

雖然日本漫畫產業的成就不應該只歸功於一個人，但手塚治虫在漫畫技法上的革新確實帶動了當代的市場與創作者，也使得日本出版業為了利潤而試圖延續這股漫畫熱潮，因此將手塚治虫視為漫畫產業的重要開創者並不為過。

在《新寶島》帶起赤本漫畫界的「手塚風潮」後三年，時間進入一九五〇年代，手塚治虫也開始在主流少年、少女雜誌上連載。最初的連載作品〈Tiger 博士的奇妙旅行〉（1950）在《少年少女漫畫及讀物》雜誌上刊出，同年他開始嘗試在雜誌上連載長篇漫畫《森林大帝》（或稱《小白獅王》），雖然這部作品換算成單行本不過兩冊的份量，以現代漫畫迷的眼光來看，根本不算長篇作品，但當時這種長度的漫畫作品非常少見，就連手塚治虫連載前也沒把握出版社願意給他版面刊登；畢竟當時手塚治虫在主流出版界仍是新人。不過，少年雜誌《漫畫少年》的編輯長加藤謙一❷看完《森林大帝》原稿後，毅然同意讓新人手塚長期連載，並從連載第二回開始給予十頁的篇幅。

以現在一回漫畫大約十六頁的篇幅來說，十頁或許不算很多，但當時少年雜誌厚度較薄、漫畫的頁數也比現在少得多，這對新人而言是相當破格的優待。而後《森林大帝》大受歡迎，手塚治虫的故事漫畫也正式進入主流出版界。

其後，手塚治虫陸續在多部少年、少女雜誌上連載，如《原子小金剛》（1951），而第一部於少女雜誌上連載的作品則是《緞帶騎士》（1953，或稱《寶馬王子》）。這些漫畫除了視覺表現特別外，還有一項不同於戰前漫畫的特色——故事性。

從前在主流出版界的戰前漫畫多為詼諧短篇（常稱幽默漫畫），多半篇幅簡短、劇情簡單，甚至可能沒有一貫的時間軸，而手塚治虫與當時作品截然不同的風格，使得他的漫畫特別被稱為「故事漫畫」（ストーリーマンガ）❸——時至今日，長篇、具有連貫故事的漫畫作品，已是日本漫畫產業主流的商品類型。

兩大反對漫畫勢力

除了手塚治虫外，貸本出版界的漫畫家們也十分活躍。這些大為流行的漫畫引起了當時家長們的注意。漫畫以圖為主的表現形式雖受年輕讀者歡迎，卻也使許多家長認為漫畫是比文字創作低劣的讀物。反對漫畫的聲音最早在赤本漫畫盛行的一九四七年時便已出現，理由是漫畫充斥暴力題材。而一九五〇年代初美軍佔領期結束後，由於柔道、劍道、時代劇、復仇劇等等題材解禁，少年雜誌或貸本都出現以格鬥、武藝為題的作品。家長們認為漫畫出現槍械、打鬥，對小孩的身心發展有害，甚至手塚治虫的漫畫也因「低俗」而被攻擊。

僅僅是漫畫中出現槍械和打鬥描寫就引發家長的反彈，對於現代漫畫讀者來說，可能覺得相當不可思議吧！其後隨著雜誌上刊登的漫畫頁數增加、貸本漫畫流行，反對漫畫的「惡書追放運動」在一九五五年達到顛峰。

一九五五年時，擁有三十萬會員的民間組織「母親之會聯合會」（母の会連合会）將家中小孩的漫畫收集起來裁碎或焚燒，防止漫畫書再次流通到市場上。總理大臣鳩山一郎也在眾議院施政方針中表示「不良出版物對青少年的影響值得憂心」。

當這些家長希望撲滅漫畫的同時，有趣的是，也有一群漫畫家出來公開反對「俗惡漫畫」，這些反對俗惡漫畫的漫畫家，便是戰前的資深漫畫家集團。不同於家長，戰前漫畫家主要反對的是戰後的新式漫畫，橫山隆一、橫井福次郎、清水崑等戰前漫畫家，於一九四八年十月二十四日及一九五〇年八月六日的《兒童漫畫新聞》中，揚言應該驅逐這些戰後年輕漫畫家量產的「俗惡漫畫」。

從這個反對漫畫的社會事件中，我們至少可以區分出兩個群體：一是不理解漫畫的社會大眾，另一是戰前漫畫家集團。這兩個群體抗議的對象不同，家長只要是漫畫都一概反對，而從資深漫畫家公言反對戰後新式漫畫的現象，可推測戰後的漫畫熱潮主要是由戰後創作者所領導。

也許有人會想，漫畫家何苦為難漫畫家？但戰後漫畫家集團的興起，確實可能威脅到了前輩們的生存——也許是戰後讀者受新的表現方式影響，失去對戰前漫畫的興趣，進一步使得戰前漫畫家的工作減少、收入降低。這點由手塚治虫當時的收入，也可以間接印證故事漫畫受歡迎的程度是前所未見的。手塚治虫在一九五四年時以年收入二百一十七萬日圓，成為高額納稅者畫家部門排行的第二名，並因此登上新聞（大學畢業的新鮮人年收入一般不超過二十萬日圓）。漫畫家擁有這樣的收入可是未曾有的事情，新聞報導印證戰後漫畫流行的程度帶給了社會衝擊，也或許可以解釋戰前漫畫家對新式漫畫的敵意。

反對之後的擴散

其實，這類失去文化主導權而引發衝突的現象並非日本所獨有，根據學者李衣雲研究，台灣在一九九〇年代廢除漫畫審查制後，本土漫畫家就曾因台灣讀者已經習慣日本漫畫的表現方式，使得他們不再受市場所接納而反對日本漫畫。

從這點我們也可以發現一個值得思考的問題：日本漫畫在台灣落地生根，其背景是由於台灣政府對本土漫畫產業將近二十年的審查制度，使得出版業者只好引入日本漫畫來維持收入。

而故事漫畫在戰後日本社會的興起，背後並沒有政策這麼強的驅動力。並且從一九四七年《新寶島》出版直到一九五四年手塚治虫登上高額納稅者排行、成為惡書追放運動的箭靶之一，整個發展歷程不到台灣漫畫產業被日本漫畫滲入的一半時間。那麼，為何日本的戰後新式漫畫能以這麼快的時間擴散開來？莫非只要有好作品，就會自然產生強大的市場效應？後面幾章將繼續探討下去。

專業宅：惡書追放運動

惡書追放運動是延續一九四七年赤本漫畫盛行時期開始的反對漫畫熱潮，到了一九五五年時的抗議行動，如「母親之會聯合會」（母の会連合会）焚燒漫畫，使得政府作出了相關聲明。雖然家長們及戰前漫畫家集團對戰後漫畫表現出反對態度，但因日本戰後的新憲法保障出版自由，警察除了取締猥褻出版品以外，並沒有法令可以取締「暴力」及描繪武器的故事情節。雖然之後也催生出青少年保護條例，但該行政條例是由地方政府各自制定，並非全國統一的法令，並且也不是出版前審查，是出版後由各地方政府自行判定是否為不良刊物。由於需進行人工審查，標準不一，經辦人員也不多，審查效率並不高。許多漫畫或雜誌在出版許久後才會收到被指定為不良刊物的通知，甚至有出版社收到通知時，被指定的雜誌早已停刊。

惡書追放運動盛行時，漫畫出版業面對輿論攻擊，一方面訂出自肅辦法，一方面卻也並未全盤接受社會對故事漫畫的批評。如一九五五年「日本兒童雜誌編輯會」發行的出版業界專門誌《銳角》，內容就刊載了漫畫編輯及漫畫家對輿論批評的反駁及意見。至於輿論對赤本、貸本漫畫出版業的影響，極少看到相關文獻，不過於惡書追放運動最高峰時，貸本出版界還模彷主流出版界創刊漫畫短篇集系列《影》（1956）、《街》（1957），在一九五七年後貸本漫畫還大為流行劇畫，之後持續發展了將近十年，也誕生出許多受歡迎的武鬥作品，如《忍者武藝帳》（1959）等等。由此推測，貸本漫畫出版大概並未受到輿論太多影響。

日本戰後漫畫產業在起步期便經歷了輿論反對與批評，但卻未像台灣漫畫產業受到極大的打擊。或許因日本政府採行事後審查，所以並沒有增加太多出版社額外的送審支出、以及審查未過後修改內容的人事成本。另一方面可能在保障出版自由的情況下，政府對「社會觀感不佳」的出版內容也沒有具強制力的法令（不像台灣過去出版違規刊物需要被追究刑責），這使得日本出版社面對輿論批評時保有一定的抵抗力。一旦戰後漫畫長期得到市場的良好反應，出版漫畫的利益足夠讓決策者認為值得繼續嘗試時，出版社繼續出版漫畫也是可預期的事。

❶ 於一九四〇年代末復刊或創刊的少年、少女雜誌有：戰前十分受歡迎的《少年倶樂部》、《少女倶樂部》（皆為講談社），新創的少年雜誌如《少年》（1946年，光文社）、《漫畫少年》（1947年，學童社）、《少女世界》（1948年，富國出版社）、《少女》（1949年，光文社）、《少年少女冒險王》（1949年，秋田書店）等，其中以繪物語為賣點的雜誌如：集英社的《有趣BOOK》、少年畫報社的《冒險活劇文庫》（後更名為《少年畫報》）、秋田書店的《少年少女冒險王》（後更名為《冒險王》）等。

❷ 加藤謙一戰前是知名少年雜誌《少年倶樂部》的編輯長，戰前他便接受時下知名小說家佐藤紅綠的建議（「所有人都能輕鬆閱讀漫畫，漫畫也能讓雜誌版面看起來比較活潑」），因而主動找漫畫家在雜誌上刊登作品，使得許多戰前名漫畫誕生於該雜誌上，如《野狗黑吉》、《冒險彈吉》、《日之丸旗之助》等。這些成功經驗或許使得加藤謙一看到手塚治虫不同於市面上的嶄新漫畫時，能更有意願嘗試。

❸

關於手塚治虫為什麼能創作出不同於當時普及的戰前漫畫，中野晴行認為這可能與其出身自赤本漫畫界有關。當時的雜誌漫畫一回多為四至八頁，在這麼少的頁數中較難描繪太深刻的劇情，相對地赤本漫畫常以單行本形式發行，大約在一百多頁上下，故事方面自然較有發揮空間。李衣雲也同樣從單行本及雜誌篇幅不同的觀點切入，認為單行本漫畫的表現形式能在視覺上有較好的發揮，是因為有較足夠的頁數，可以運用一些看似對故事推展無意義、卻更能營造氣氛的運鏡，相對地雜誌漫畫因為頁數有所限制，不僅一頁格數較多，每一格也通常必須推動劇情進展，視覺上能運用的空間自然較受侷限。從以上的兩種觀點來看，手塚治虫以赤本漫畫起家，這應有助於他運用不同於當時雜誌漫畫的手法，換言之，以手塚治虫能「突破」當時主流的漫畫，或許跟媒體形態也有關係。

媒體於文化產業發展初期的角色

戰後新式漫畫得以迅速擴散，或許得歸功當時少年少女雜誌編輯開始重視雜誌中的圖像創作——這樣說並不代表赤本、貸本漫畫就沒有影響力，只是由於發行量小，貸本又以租閱為主，難以從數據上確認這些漫畫實際觸及的族群範圍，也較難估計影響力。相對的，少年少女雜誌有明確且龐大的發行量，當這些雜誌增加雜誌中圖像創作的比例時，影響也較容易預測。

一九四〇年代末有許多以繪物語為亮點的少年少女雜誌，而到了一九五〇年代初，出現了許多將漫畫作為賣點的少年少女雜誌，例如《漫畫王》（1952）、《我們》（1954）。

雜誌也比過去更加重視視覺效果，這點體現在少年少女雜誌的印刷及開本大小上。一九五一年前後，少女雜誌內頁漸漸出現照片和雙色印刷頁面。到了一九五三年，許多原本版型為A5大小的少年少女雜誌，為使呈現的視覺效果更佳而將開本改為B5大小，例如《少女》（光文社）。

此時期創刊的許多少年少女雜誌都是過去少見的B5版型，如一九五五年《好朋友》（講談社）、《緞帶》（集英社）等等——重視視覺效果幾乎是當代少年少女雜誌的趨勢，學者中川裕美認為這是因為雜誌傳達資訊的功能被當時開始流行的電視削弱，只好轉而強調視覺化的娛樂功能。

當然，還是有少年少女雜誌堅守以文字為主的編輯方針，如《東光少年》（東光出版社，1948-1951）、《偵探王》（文京出版，1951-1954）、《少年少女譚海》（文京出版，1949-1954），但這些雜誌在一九五〇年代中期紛紛休刊。

雜誌漫畫附錄成為風潮

不僅是雜誌內的漫畫比例增加，這些雜誌還用漫畫附錄的形式刺激消費者購買。自一九五四年起，《少年》、《少年俱樂部》、《有趣BOOK》、《冒險王》、《少年畫報》等等開始附上漫畫別冊，例如一九五五年五月號的《冒險王》，其十本附錄中有九本是漫畫，而《少年》、《少年俱樂部》等雜誌的別冊附錄也多達八本。

據《漫畫少年》編輯長加藤謙一之子回憶，當時《漫畫少年》資金不足，只有一兩本漫畫別冊附錄，因而被放在書店角落，不像其他少年雜誌擺在店頭最顯眼處。評論家米澤嘉博認為《漫畫少年》和其他少年雜誌一樣都是綜合雜誌，而漫畫附錄數量卻輸給了其他少年雜誌，是《漫畫少年》退出少年雜誌市場的原因❶——會有這樣的看法，可見當時附錄的漫畫對讀者有多大的吸引力。

少年少女雜誌採用漫畫附錄來競爭，一方面因漫畫廣受讀者歡迎，另一方面也可能是因為一九五一年日本舊國鐵宣告「附錄玩具或文具」的雜誌不再適用特殊優惠運費，對於利用鐵路運輸的少年少女雜誌而言，選擇附錄玩具或文具會增加不少運輸成本，而漫畫別冊則可以繼續適用運輸優惠；這種成本上的考量也可能是當時這些雜誌偏好漫畫附錄的原因。

雖然我們現在無法得知當時少年少女雜誌為何要以漫畫附錄作為競爭主力，但這項方針卻確實帶來了影響：

第一是許多雜誌不約而同刊登漫畫，使得不同雜誌的讀者大量接觸新式漫畫，加速了戰後漫畫的傳播。第二是既然雜誌需要漫畫附錄，自然也需要創作者，擴大了對人才的需求。這點與赤本、貸本漫畫界的情形一樣。一九五〇年代中期開始，有許多貸本漫畫家及承襲手塚治虫風格的新人進入主流雜誌界連載漫畫，顯示當時出版業對漫畫創作的需求確實擴大。

雜誌提供了漫畫實驗平台

雜誌這個媒體，在戰後漫畫發展初期，算是提供了實驗平台吧！

雖然故事漫畫受到迴響，使得雜誌編輯增加漫畫內頁比例，好像是很自然的事情，但對於當代的管理者而言，確認流行是一項可以長期投資的市場趨勢或是一時的熱潮，並不是一件容易的事。

戰後初期的漫畫編輯大多是文字編輯，對漫畫相當不熟悉，例如曾任重量級少年漫畫雜誌《週刊少年 MAGAZINE》編輯長的內田勝便曾言：「我接任雜誌編輯長時，對漫畫完全沒有概念。」其他甚至有厭惡被稱為漫畫編輯，只接受「雜誌編輯」頭銜的人。這些編輯對於不了解的創作形式——漫畫——抱持著懷疑，要花好幾年時間觀察市場反應後，才逐步增加雜誌中的漫畫比例❷。隨著堅持以文字為主的少年少女雜誌逐一休刊，雜誌往圖像靠攏的路線才幾乎被確立。

少年少女雜誌編輯之所以能實驗與觀察市場反應，找出適合雜誌生存的路線，或許與雜誌本身的媒體特性有關。雜誌的發行頻率比圖書高，因應市場調整的反應也較快。而雜誌內容由數個單元自由組成，因此編輯部需要測試新事物（例如長篇漫畫）的市場反應時，可以僅更動一部分的雜誌單元，再依迴響決定是否保留新的單元。

此外，雜誌降低了平台的經營風險。當時新式漫畫還是一項發展中的藝術形式，雜誌多單元的特性可在嘗試新內容之餘，也能維持原先已有市場支持度的內容，風險相對也會降低。這種低風險的經營方式，對於起步期的文化商品來說相當有利。

新的藝術創作和創作者需要穩定的宣傳管道持續曝光、吸引更多潛在讀者並累積名氣，這些雜誌便保有這樣穩定的曝光平台，讓剛起步的戰後漫畫不需單打獨鬥，能在其他內容搭建的基礎下成長——媒體能產生影響力的前提，便是媒體必須擁有穩定且長期的閱聽族群。新讀者未必為了漫畫而購買雜誌，但可能因為雜誌而有機會接觸戰後漫畫並習慣這樣的表現方式。

雜誌與漫畫人才培育

綜合雜誌的漫畫比例雖然增加，但整體來說頁數還是不多；而貸本雖然頁數多，但發行頻率比較低，沒有頻繁交稿的壓力，這兩種不同媒體性質使得戰後漫畫創作者得以以自己喜歡的創作步調，持續創作漫畫，多樣化的媒體環境也算是提供了創作人才培育的緩衝期。

在手塚治虫的漫畫大受歡迎後，許多年輕創作者受到影響，開始學習創作故事漫畫，但創作者培養專業技巧需要時間，若當時雜誌編輯因漫畫受歡迎就讓一位漫畫家超量工作，或是找來新人濫竽充數，漫畫家很有可能無法負荷而創作出品質低下的作品，失去讀者信賴。

除了讓作者有專業技能培育時間上的緩衝，雜誌本身也是培育人才的管道。

戰後少年少女雜誌繼承了戰前雜誌開放讀者投稿的編輯方針，像是《漫畫少年》刊登投稿者的漫畫作品時，也會刊登手塚治虫的作品評論。

當時的創作者不像現在可以透過漫畫專門學校、漫畫雜誌新人賞得到建議，只能直接投稿出版社，但當時出版社編輯並不熟悉漫畫，未必能給予創作者建議，也不一定有興趣培養漫畫創作者。於是，在那個沒有網路的時代，雜誌便是少數可以得到專業意見的機會，而其不斷出刊的特性也提供了新人穩定的發表平台。例如一九五五年出道的女性漫畫家水野英子，便是因投稿而被《少女俱樂部》的編輯挖掘。這類例子在當時並不罕見，有漫畫家指出當年因為經常投稿，因此曾在手塚治虫急需助手時被找去當助手過；而現在日本杉並動畫博物館館長鈴木伸一，當年也是經常投稿，因而在前往東京後，被《漫畫少年》的編輯介紹給其他年輕漫畫家認識。這顯現出雜誌投稿單元具有某種程度上的培育、挖掘人才功能。

不同媒體帶來不同刺激與發展

一般談論媒體於文化產業中扮演的角色時，較常討論的是行銷功能，但實際上媒體在文化產業發展過程中的角色可能相當多元。我們可以粗淺分為幾種：宣傳、測試市場反應、降低開發新商品的風險、挖掘及培育創作者、提供自由創作空間。

宣傳功能前述已經討論很多，而市場反應則是所有經營者都相當重視的。媒體不僅單向提供文化商品給消費者，也能透過回函等方式了解市場，這點將在後續章節繼續討論；而降低開發新商品的風險及挖掘創作者，在出版界中算是雜誌這個媒體的優勢，讓雜誌得以穩定經營、持續提供宣傳平台。

不過貸本、赤本出版系統雖然是以單行本為主，但也未必就較為劣勢。貸本、赤本的創作自由度高，是許多創作者偏好的創作環境，許多重量級漫畫家都出自貸本漫畫界。

不同媒體特性有所不同。雖然上述似乎相當推崇雜誌對於日本漫畫產業的重要性，但很難說哪種媒體更適於發展，只能說這兩種不同媒體環境產生的不同土壤，帶給了日本漫畫產業更多生物多樣性。

專業宅：一九四五至一九六〇年代中刊載新式漫畫的媒體比較

	特性	優勢	劣勢
漫畫單行本	主要由貸本、赤本系統發行，發行量較小，但漫畫頁數多。	【創作者】自由度高。【經營者】發行成本低。	【創作者】稿費低、曝光度低。【經營者】市場測試風險較高。
綜合雜誌	主流出版，內容以文字為主，漫畫原只佔一部分，但在一九五〇年代逐漸增加。	【創作者】稿費好、曝光度高。【經營者】可即時測試市場反應，測試新作品時風險較低。【產業】培育人才。	【創作者】創作的時間緊迫、創作自由受限。【經營者】發行成本高、內容受社會大眾關注。

❶ 當然一部少年雜誌失去市場，未必只有附錄太少這個原因，有曾在《漫畫少年》上連載的漫畫家指出，後期《漫畫少年》約有半本雜誌內容是讀者投稿，這樣的雜誌並不是一般讀者想看的。雖然以現代漫畫迷而言，《漫畫少年》的讀者投稿陣容聚集了無數後來的知名漫畫家，但以當時讀者的眼光來看，這些人仍然只是不知名的投稿者。

❷ 當時並非所有雜誌編輯都認同少年．少女雜誌增加圖像創作，像漫畫編輯丸山昭就回憶在《少女俱樂部》編輯部時，當時的前輩編輯就曾要他「別把奇怪的東西（少女漫畫）放進我們這種上流雜誌裡來」。

週刊誌登場！雜誌出版的商業戰爭

從戰後至一九五〇年代間，新式漫畫逐漸在出版市場中興盛起來，日本社會不僅從敗戰後的蕭條復甦，娛樂生活也開始恢復。一九五三年，電視的出現改變了日本人的休閒娛樂生活，其後日本社會二度進入經濟高度成長期，使得經濟上有餘裕進行娛樂消費的青年族群增加，到了五〇年代末，多數電視節目以週為單位播放，日常生活同樣以週為單位的人們，很快便習慣了這種娛樂消費的步調。

出版業便在這樣的時代背景下一片欣欣向榮。不僅消費者經濟能力提升，高等教育普及使得讀者群增加與讀者素質改善，也被認為與出版業的成長有關。而雜誌出版也受惠於大環境——日本雜誌在一九五六年創下戰後以來最高記錄的創刊數，《週刊新潮》也在同年度創刊。

《週刊新潮》對日本出版業的意義，在於它是第一本「由出版社發行的週刊雜誌」。在《週刊新潮》誕生前，日本普遍認為一般出版社沒有能力發行週刊誌，只有報社才有足夠的能力和資本——報社擁有遍布全國的情報及人力網可以投入內容製作，還有短時間內將刊物發布到全國的運輸物流網，以及巨額資金（廣告收入）——但這樣的「出版業界常識」被《週刊新潮》的成功給打破了❶。

自一九五八年開始，出版社開始紛紛投入週刊市場。在一九六〇到一九七〇的十年間，雜誌的整體出版冊數就翻了一倍。

兩大週刊誌的創刊

日本最初的少年週刊誌，在一九五九年誕生。

漫畫產業迎來週刊誌及貸本漫畫全盛期的時代。少年雜誌市場最重要的兩間出版社——小學館和講談社——便在五〇年代末的週刊熱氛圍中，接連投入少年綜合週刊誌的準備工作。

一九五八年小學館將新創刊的雜誌命名為《週刊少年Sunday》（以下稱《Sunday》）。《Sunday》現在已轉型為漫畫專門雜誌，但創刊時是定位為綜合雜誌。那時《Sunday》編輯部雖然認知到漫畫對雜誌銷量的助益，但當時惡書追放運動才經過不久，漫畫仍被家長視為影響學習的惡書，而喜歡漫畫的年輕讀者又不具有足夠的購買力。因此，《Sunday》編輯部為了讓家長能安心掏錢，雜誌內容上保有許多「健康優質」的單元，像是知識專欄、小說、新聞報導等等，好讓實際上的購買者（家長）放心。但另一方面，漫畫受讀者歡迎也是事實，若雜誌中的漫畫太少，有可能會影響年輕讀者的購買與閱讀意願，《Sunday》編輯部在兩廂權衡下，將最初的雜誌編輯方針定為：運動、漫畫、科學、電視。

講談社得知小學館打算創辦少年週刊誌後，也決定辦《週刊少年Magazine》（以下稱《Magazine》）與小學館對抗。《Magazine》和《Sunday》一樣，如今是漫畫專門雜誌，但創刊時是綜合性刊物。《Magazine》初代編輯長牧野武朗考量週刊比月刊時效性更佳，因此打算以職棒、相撲比賽速報作為雜誌重心。

以上兩間代表性企業的決策，都印證了當時雜誌媒體的經營策略雖重視漫畫，卻不是以漫畫為重心；一是漫畫以外的雜誌單元仍有其市場，二是顧慮家長（實際購買者）對雜誌的觀感。

《Sunday》創刊編輯長便提到，當時為讓家長安心，還特地請來對年輕讀者而言有些過氣但家長們比較放心的戰前漫畫家加入連載，例如橫山隆一、長谷川町子等等。

此外，當時的雜誌編輯也花費了很多心力製作漫畫以外的內容。從數據和社會影響來看，這些內容確實帶動雜誌銷量與社會大眾對於雜誌的評價；儘管這些單元和漫畫沒有直接關係，但以整體角度來看，對於媒體形象經營方面可是功不可沒。

不斷增加的漫畫頁數

雖然雜誌不以漫畫為中心，但這時期的雜誌編輯已較過去更重視漫畫，像本來《Sunday》一期的漫畫作品數比《Magazine》少，《Sunday》編輯部為了能和《Magazine》抗衡，便決定增加每部漫畫的刊載頁數。

一九五〇年代時，月刊誌一回漫畫通常是八頁（至多十二頁），而《Sunday》直接增加了近一倍，讓每部漫畫頁數多達十五頁。在六〇年代初期，一般週刊雜誌總頁數多半為一百二十至一百三十頁，其中每個企畫單元最長不過六頁左右，《Sunday》一部漫畫就佔了十五頁，可說相當具份量（現代日本漫畫一回通常是十六頁，是否是其他雜誌受到《Sunday》影響，目前沒有證據可以佐證）。

一九六三年後，隨著電視普及，《Sunday》編輯部認為週刊的資訊傳播速度比不上電視，遂將運動新聞取消，改為增加漫畫頁數。連載漫畫由四部提升到六部，之後發現讀者反應不錯，又再提升到九部。

另一方面，《Magazine》創刊初期採用別冊附錄增加漫畫，漫畫頁數高達雜誌六成。這項策略不只是針對《Sunday》，也是為了與一九五〇年代末大打漫畫別冊附錄戰的月刊誌們競爭。只不過《Magazine》的漫畫附錄策略在發行數期後，因日本舊國鐵再度改變運費優惠，不願給予有附錄的週刊誌運費特惠而告終。

從日本最初的兩本少年週刊誌創刊過程中，我們可以發現一九五〇年代的惡書追放運動仍對主流出版社造成一定壓力，使得編輯必須用各種拐彎抹角的方式來增加漫畫頁數，在購買者及讀者間取得平衡——日本雜誌編輯在經營媒體時，除了商品本身的品質以外，向來也相當重視商業上的運作，試圖在輿論批評和商業利益之間取得平衡。

此外，《Sunday》、《Magazine》兩部雜誌在創刊時，為了競爭「日本史上第一本少年週刊」的噱頭，雙方不斷提前發售日，又為了取得價格優勢，兩社也遲遲不在封面印上價格，就是希望對手可以先確定售價，再比對手的定價便宜一點點。最後兩刊只得在一九五九年三月十七日同日發售——《Sunday》取得價格優勢，而售價較貴的《Magazine》則以三本漫畫附錄來補足價格劣勢。

這兩本重量級漫畫雜誌在漫畫方面的競爭，以《Sunday》取得手塚治虫漫畫連載、獲得大量漫畫讀者而暫告一段落。同時期《Magazine》一直沒有能與《Sunday》匹敵的漫畫作品。這樣的差異也反映在了兩誌的銷量上，促使《Magazine》只好開始尋求創造人氣漫畫的方法了。

專業宅：推動雜誌成長的功臣們

雖然本書主要是談論ＡＣＧ產業的發展，但只要回顧少年雜誌史的相關文獻及當時雜誌編輯的回憶，都可以發現其他雜誌單元是當時提升媒體形象、穩定經營的一大功臣，重要性甚至可能不下於漫畫。一九六〇年代時，漫畫在社會上仍屬於文化藝術價值低的讀物，就連出版社內部往往也不待見漫畫的存在，即便它為出版社帶來利益。例如小學館工會曾表示發行夾帶大量漫畫的《週刊少年 Sunday》是小學館之恥，也有許多漫畫編輯曾提及在公司內部，漫畫編輯的地位和預算都低於其他部門。

然而，為了提高少年雜誌的「質感」，當時的少年雜誌編輯對漫畫以外的雜誌單元是相當用心的，例如當時《Sunday》曾起用當時的新銳藝術家橫尾忠則❷設計封面，日後同為小學館發行的漫畫雜誌《Big Comic》，也請了經常繪製廣告的插畫家日暮修一長期設計封面。日暮修一曾指出當時（一九七〇年代）一般企業並不希望公司形象跟漫畫沾上邊，因此他也考慮到對工作的影響，而曾猶豫是否應該接受《Big Comic》的委託。

回到一九五〇年代末，除了封面設計以外，當時少年雜誌上的時事單元因電視普及而逐漸減少，但內容較為深入的專題型報導卻仍然保留著。一九六〇年代時，《週刊少年Sunday》、《週刊少年Magazine》雜誌編輯部裡，負責專題報導的編輯與負責漫畫的編輯佔了編輯部大半，兩邊人數也不相上下，可見編輯部對專題報導的重視。當時少年雜誌的報導單元多半是以圖文搭配（照片或插畫皆有）的形式介紹知識給讀者，其中也不乏讓當期雜誌熱銷的成功企畫，像一九六四年三月二十九日的《Sunday》刊登了整整七頁的戰艦大和號圖解，引發非常熱烈的讀者迴響；也曾報導過越戰、世界最初心臟移植案例等當代重大事件。據曾任《Sunday》編輯長的高柳義也回憶，在一九六〇年代前以《Sunday》名義向寫作者邀稿時，對方經常覺得少年雜誌不入流而拒絕委託，但這種事到了六〇年代末後已經很少發生，或許因為少年雜誌的媒體形象開始受到社會大眾肯定。

一九六〇至七〇年代的《週刊少年Magazine》更是以雜誌專題為特色，當時《Magazine》企畫出許多具有深度的知識圖解專題，如海外古文明遺址特集、當代發明背後的設計原理、先端科學新知、各種職業的工作現場圖解等等，這些圖文特集的插圖精美，有些照片甚至遠赴海外現場拍攝，為《Magazine》搏得了很高的名聲，甚至形成社會現象，在六〇年代末日本學生運動全盛期的環境下，曾有「右手拿著（朝日）Journal❸、左手拿著（週刊少年）Magazine」一說。《Magazine》能與時事評論雜誌並稱，當時在青年讀者心中的文化價值可見一斑。只知道這兩本雜誌是「漫畫專門雜誌」的現代讀者，也許會對這兩本老牌雜誌的過去感到驚訝也說不一定。

少年雜誌在一九六〇年代銷量節節上升並受到社會肯定，這些報導單元帶來的好評肯定也有影響——一九六九年時《諸君》、《潮》、《文藝春秋》、《中央公論》、《週刊新潮》等等日本的重要雜誌，都高度評價了《週刊少年 Magazine》專題報導的深度。原本少年少女雜誌在小學館、講談社等出版社中是比較沒有地位的部門，但到了六〇年代，甚至出現了主動想加入《Sunday》、《Magazine》編輯部的新人社員，這件事還令當時的雜誌編輯們十分驚訝。這也代表了當代少年雜誌的地位正在改變。

每個國家發展文化產業的時空背景大不相同，我們無法斷言經營綜合性媒體是文化產業的必勝法則。日本出版業直到一九七〇年代第一本漫畫專門雜誌獲得成功，這才發現專門提供漫畫的雜誌也有其市場，並紛紛開始轉型為漫畫專門雜誌，但這不代表漫畫專門雜誌在一九四〇、一九五〇年代創刊也可以獲得成功，在產業發展初期提供多樣性的商品來試探市場，再進而淘汰市場反應不佳的商品，仍是風險比較低的經營方式。

從一些雜誌編輯的回憶中也可以發現，他們在構思漫畫的異業合作企劃時，有時基於過去製作雜誌企畫或雜誌附錄的經驗，我們或許可以猜測，日本漫畫產業之所以發展出今日多采多姿的異業合作形態，或許是日本漫畫產業經歷了獨有的「綜合雜誌時期」，使得雜誌編輯們累積了許許多多的跨產業企劃經驗。

❶ 一九六〇年代出版業的產業環境有許多改善，首先是鐵路電氣化使得運輸量成長；通信方面則引入外國電話機製作技術，使業務溝通便利不少，同時成本也降低了。出版業的物流零售系統也較戰後初期來得穩定，當時的書店因物流系統不同而分成以圖書販售為主的圖書型書店、以及相對的雜誌型書店，各出版社也擁有各自的經銷系統，不像日後圖書經銷成為寡占市場，雖然各自的經銷管道使得每間出版社物流能力不一，但整體上出版產業鏈已較戰後時期穩定。

❷ 橫尾忠則是一位同時活躍於插畫、設計、文學、廣告、劇場、音樂、舞踏、電影等領域的藝術家，也是一九六〇、七〇年代跨藝術界交流撞擊創作火花的代表人物。

❸ 《朝日Journal》是一九五九至一九九二年期間由著名報社——朝日新聞社發行的時事評論週刊誌。

地方的編輯需要更多漫畫原稿

當小學館、講談社的兩本少年週刊誌都以漫畫作為一大亮點時，市場上的其他月刊誌也持續刊載漫畫。大量的原稿需求，使得少年雜誌市場對漫畫人才需求若渴。據漫畫家安孫子素雄（他與藤本弘共用筆名「藤子不二雄」，也就是《哆啦A夢》的作者之一）回憶，一九五九年他受小學館編輯請託連載漫畫時，編輯部為獲得原稿，就算他是新人，但在創作內容上幾乎沒有要求，甚至是「畫什麼都行」。

當時漫畫家經常同時在多部雜誌上連載，也有許多男性漫畫家同時接受少年及少女雜誌的工作❶，但隨著男性漫畫家逐漸將重心放在少年雜誌上，少女雜誌也開始出現人才空缺，加上一九六三年也有少女週刊誌創刊，如《週刊少女Friend》（講談社）、《週刊少女Margaret》（集英社）；週刊頻繁發行的週期，也使得少女漫畫人才需求變得迫切。

在每位漫畫家手上都有許多工作的情況下，有些漫畫家無法調適雜誌的連載步調，轉向創作學習漫畫，或加入其他漫畫家的創作團隊，甚至轉行投入一九六〇年代發展的動畫產業等等。出版社為了確保得到漫畫原稿，有時還會將漫畫家藏起來專心畫稿，這種行動被編輯們稱為「缶づめ」（關禁閉），如小學館、集英社就常借用一間名為錦友館的旅館來關禁閉。

從出版社不惜使出這種手段也要獲得稿源，可以推測當時很可能沒有足夠的備用稿源和創作者，只好出此下策。目前沒有確切的文獻記載這種做法一直延續到何時才停止，但一九七八年的《週刊少年JUMP》（後續以《JUMP》表記）在介紹編輯生活的單元時，仍有刊登旅館照片，並附上「關禁閉用旅館，漫畫家被關在這裡的最高記錄是兩個月」的文字記載（據小學館編輯的說法，現代已經沒有這種行為）。

除了藏匿漫畫家外，又為了不讓漫畫家丟下工作逃走，出版社也特別派編輯坐鎮在某些漫畫家家裡盯梢。該編輯除了負責一兩個雜誌單元外，幾乎可說唯一工作就是盯著漫畫家畫稿和收稿，甚至曾有編輯在漫畫家工作室連續留宿十八晚。

漫畫家永井豪曾回憶一九六〇年代擔任漫畫家石森章太郎助手時，甚至有十三名不同雜誌的編輯同時坐在工作室裡監督。

當時漫畫稿源的缺乏，也可從同出版社的不同雜誌間也爭奪漫畫家畫稿順序窺知一二。

鬼太郎：貸本漫畫風格進入主流雜誌

少年少女雜誌市場對漫畫的需求，或許使得編輯一方面試圖提升漫畫產製效率，一方面則開始往其他管道尋找人才——而貸本漫畫界便是一個理想的人才來源。

戰後的貸本、赤本出版業吸收了一批創作者，尤其隨著紙芝居和繪物語沒落，加上赤本出版業逐漸消失，這些圖文創作者失去了發表空間，紛紛轉往貸本出版業。這些創作者沒有在一九五〇年代初期就被雜誌吸收，可能是少年少女雜誌當時還沒有立即形成對漫畫的大量需求，此外一九五〇年代中期新式漫畫聲勢看漲時，少年少女雜誌受到惡書追放運動的壓力，在題材及內容上限制較多，對於創作者而言未必是理想的創作環境。

不過，到了一九五〇年代中期後，還是有不少漫畫創作者同時在貸本及少年少女雜誌上發表作品，例如橫山光輝、千葉徹彌、貝塚弘司等等。之後隨著貸本屋在一九六〇年代逐漸減少，貸本趨於沒落，加上雜誌編輯熱心挖角，貸本漫畫家紛紛轉向少年少女雜誌。

一九六〇年代中期，貸本少女漫畫家❷紛紛開始在少女雜誌上連載。至於少年雜誌方面，當時《Sunday》坐擁了手塚治虫等常盤莊（トキワ莊）❸一派的人氣漫畫家、銷售量節節上升，對於挖角貸本漫畫家並不積極。相對的，《Magazine》一直缺乏能和《Sunday》匹敵的漫畫作品，就於六〇年代中期開始積極起用貸本漫畫家。

貸本漫畫家的加入，使得少年少女雜誌的漫畫類型更加豐富，其中影響較大的是一九五〇年代中期貸本漫畫界興盛的「劇畫」風格。

某些原本只存在於貸本漫畫的作品類型，也因此進入了主流雜誌界，例如水木茂在《Magazine》上發表的《鬼太郎》，就是當時少年雜誌還不存在的妖怪漫畫題材。

貸本漫畫家不同於手塚治虫的故事漫畫風格，加上原本只在貸本出版界流行的劇畫也開始出現在雜誌上，因此吸引了不少讀者。

專業宅：劇畫

劇畫究竟是什麼？簡單來說，劇畫是一種漫畫風格。這個詞的出現，最初是為了與手塚治虫的故事漫畫進行區隔。當一九五〇年代手塚治虫帶起了故事漫畫風潮時，「漫畫」（マンガ）一詞幾乎就是手塚治虫一派創作風格的代名詞，也因此出現了一批想利用其他名詞、好與手塚治虫區別開來的漫畫家，這些人主要是貸本漫畫家（但並非所有的貸本漫畫家都是劇畫家），他們為了和手塚治虫一派的「漫畫」有所區別，將其作品稱為「劇畫」，並宣稱劇畫和以兒童為客群的手塚漫畫不同，劇畫是「以所有讀者為對象」。

劇畫同樣著重故事性，但其畫風及表現手法通常較為寫實，並以年紀較長的讀者為預設目標市場。為迎合年齡層較高的客群，劇畫的畫風及劇情通常較「漫畫」（即手塚的故事漫畫）寫實。

一九六八年時手塚治虫曾給予劇畫定義：「漫畫性要素在兩成以下。」因為手塚治虫對漫畫的概念受到迪士尼影響，認為省略（或可稱為抽象符號化）、誇張、幽默的要素是漫畫的必須要件，但劇畫並不強調這些要素。

在日本漫畫風格還沒有現在這麼多元的一九六〇年代，劇畫和（故事）漫畫便成為當時兩種涇渭分明的創作類型，讀者群也會明確地表示自己是漫畫讀者或是劇畫讀者，但後來不僅兩種風格交互影響、界線變得模糊，「漫畫」一詞也不再是手塚治虫風格的專利，而成為了概括各種不同風格的故事漫畫。如今不論喜歡什麼風格的漫畫，都是「漫畫讀者」，這是比較後期才出現的轉變。

此外值得一提的是，即便劇畫自認以年齡層較高的讀者為目標客群，事實上租閱貸本的讀者也確實包含了藍領階級，但當時不論漫畫或劇畫都還是被社會大眾視為不入流的青少年讀物，也因此成人持續閱讀這些作品時，便引起輿論嘩然。

❶ 在少女雜誌上連載漫畫的男性作者有：手塚治虫、東浦美津夫、橫山光輝、千葉徹彌、石森章太郎、赤塚不二夫等，當然當時的日本少女漫畫界還是有水野英子、牧美也子、渡邊雅子等女性作者。

❷ 如：望月Akira、浦野千賀子、矢代Masako、巴里夫、武田京子、池田理代子等。

❸ 常盤莊是一幢許多知名漫畫家曾居住過的分租公寓，最多曾有七、八名漫畫家同時居住於此，因而在日本漫畫史上是相當有名的地點。在此居住過的漫畫家主要為手塚治虫及受其影響的創作者，有手塚治虫、寺田博雄、藤子不二雄（藤子不二雄A、藤子．F．不二雄）、鈴木伸一、森安直哉、石森章太郎（現名石之森章太郎）、赤塚不二夫、橫田德男、水野英子、山內George、向佐助，其他也有許多漫畫家雖不居於此，但經常出入此處。

讀者長大怎麼辦？那就出版大人看的漫畫吧！

雖然一九六〇年代時，少年雜誌上開始出現比較深刻的漫畫題材（貸本則更早就開始出現），可是當時日本社會仍舊認為漫畫是兒童讀物，也認為大人還在看漫畫、看少年雜誌是一件丟臉的事。

但是，看漫畫長大的的少年少女們紛紛進入大學及職場後，他們並沒有停止閱讀少年雜誌。

或許雜誌專題的深度大為提升，也或許是劇畫吸引了較高年齡層的讀者。《週刊少年Magazine》在一九六七年前的讀者有八成是國中生以下族群，但到了一九六九年國中生讀者只剩兩成，高中生以上則佔了七成，而如果只算大學生及社會人士的話則是百分之五十五。換言之，超過一半的雜誌讀者是大學生以上的族群，就連名作家三島由紀夫也是讀者之一。

當時在京都大學的生協（類似台灣的福利社），《週刊少年Sunday》也是雜誌類銷量第一名，勝過其他「符合大學生程度」的時事評論雜誌——大學生看漫畫❶還一度成為社會新聞。

一九七〇年，《Magazine》創下日本雜誌界空前的一百五十萬冊發行量，便與大學生讀者的支持有關。該年度大阪舉辦亞洲首次世界博覽會時，甚至將《Magazine》當作日本雜誌代表之一，封入該年度文化時空膠囊。

看漫畫的青年客群

讀者群擴大讓日本漫畫市場要進一步進行市場區隔。

六〇年代中，有些小出版社發現戰後漫畫的讀者們，並沒有因年紀漸長而拋棄漫畫，因此開始嘗試創辦以青年為客群並刊載新式漫畫的雜誌，例如《Young Comic》（1967，少年畫報社）、《週刊漫畫 Action》（1967，雙葉社）、《月刊 Play Comic》（1968，秋田書店）等等。到了六〇年代末，小學館也開始投入青年漫畫出版事業，創刊《Big Comic》（1968）。

但一直在少年雜誌領域跟小學館競爭的講談社，當時卻沒有涉足青年雜誌創刊，可能因為講談社的《週刊少年 Magazine》讀者年齡層偏高，如果另創青年漫畫誌將使目標客群互相重疊。此外，講談社經營層也認為大人看漫畫只是一時風潮，不會是穩定的市場——以如今所知的歷史發展來看，這判斷並不正確——也讓講談社比小學館還慢加入青年漫畫雜誌。

有趣的是，小學館編輯其實一開始也對青年漫畫興致缺缺。原是劇畫家的齋藤隆夫回憶，在一九六五、一九六六年左右，他曾前往多間漫畫出版社試圖說服他們創辦刊登青年漫畫的雜誌，並指出愛看漫畫的戰後嬰兒潮都已成人，將是很好的市場，不過都被拒絕了。所以當他得知幾年後小學館編輯小西湧之助改變心意，決定創辦《Big Comic》時，立刻就答應了要在該雜誌刊登作品。

於是，便在講談社的缺席下，小型出版社及小學館在一九六〇年代相繼創刊了一些青年雜誌——這樣的發展可說相當及時！

多元創作舞台與漫畫評論的產生

六〇年代貸本逐漸沒落，貸本漫畫家有些轉往少年少女雜誌連載，但畢竟少年少女雜誌受限較多，不是所有貸本漫畫家都喜歡這條出路，便面臨失去生計的困境，而青年雜誌的創辦則讓這些漫畫家（例如小島剛夕、白土三平、齋藤隆夫等等）有繼續創作的地方。

除了以年齡來區分逐漸擴大的漫畫市場，一九六〇年代也出現深度愛好者（マニア，mania）取向的漫畫雜誌。一九六四年青林堂創辦漫畫雜誌《Garo》，此刊接受了許多不適合少年少女雜誌路線的貸本漫畫家，刊載的漫畫作品也因常與文化議題連結而引發社會關注，例如白土三平的《卡姆依傳》。

而一九六七年手塚治虫的公司「虫プロ商事」（蟲製作商事）以《Garo》為假想敵創辦《COM》雜誌，此雜誌繼承過去學童社雜誌《漫畫少年》的特色，不僅刊載尋求「更高層次藝術表現」的漫畫，也相當注重讀者投稿單元。六〇年代出道的許多漫畫家皆曾在《COM》的投稿欄發表作品，例如竹宮惠子、岡田史子、長谷川法世、宮谷一彥、青柳裕介等等。這種藉投稿來磨練畫技的途徑，與經由投稿《漫畫少年》、在一九五〇年代陸續出道的常盤莊漫畫家們相當類似。

《Garo》及《COM》兩本雜誌的發行量比少年雜誌少，一般在一萬本上下，發行量最高的時期約八萬本，但對日本漫畫藝術表現的影響力則遠高於此。

兩誌都強調讓漫畫家自由發揮、追求更高層次的藝術表現，並且刊登漫畫評論——這對之後日本漫畫文化的深化相當重要——雖然少年、少女、青年雜誌會刊登漫畫作品，但並不會刊登漫畫評論，而當時漫畫屬於非主流的創作形式，甚至還不被視為藝術的一種。

為何「評論」對文化產業的發展如此重要？在通訊不發達的年代，創作者之間不方便互作意見交流，但創作者為了追求提升藝術技巧，經常會希望得知當代其他創作者的想法以及互相切磋。因此，提供這類經驗傳承與意見交流的平台，無疑地對人材培育、藝術表現突破都有著正面意義。這也是《Garo》、《COM》等雜誌不容忽視之處，而日本漫畫史通常不會漏掉這兩本發行量其實排不上前幾名的雜誌。

日本漫畫產業能保有豐富的題材類型及深度漫畫文化，或許因為日本漫畫產業能適時地保住適合不同創作人才的舞台。戰後初期是赤本、貸本，進入六〇年代則是各種特化的雜誌，更之後還有地下化的舞台——同人誌、自動販賣機雜誌——這些豐富的舞台包容了各種創作。

而前述提到《Magazine》、《Sunday》因為內容加深，雖然抓住逐漸成長的讀者，但也自然流失了當代的少年讀者。差不多時間，也有新的少年漫畫雜誌創刊，吸收這些被抛下的讀者（市場），如一九六八年集英社創刊的《週刊少年JUMP》，就瞄準了當時兩誌逐漸流失的國中小學生讀者。

總之，一九六〇年代有這些雜誌的誕生，顯示戰後漫畫家開拓的新式漫畫市場，已經成長到了可初步進行市場區隔的規模了。

❶

「大學生看漫畫成為社會現象」這句話可能會令讀者困惑，如同本書最一開始所說，「漫畫」定義範圍甚廣，明治時期以來便存在的時事諷刺漫畫、報紙上的分格漫畫，都是以大人為主要讀者的「大人漫畫」（此名詞現在已很少使用），代表作品如報紙連載的《蠑螺小姐》，專門大人漫畫雜誌則有一九五〇年代中期創刊的《漫畫讀本》（1954年，文藝春秋社）、《週刊漫畫TIMES》（1956年，芳文社）、《週刊漫畫Sunday》（1959年，實業之日本社）等。而前述提到的手塚治虫漫畫、劇畫則是兒童漫畫，被當時的社會大眾視為不同讀物（當時經常約定俗成地以漢字的「漫画」來表記大人漫畫，以片假名「マンガ」來表記兒童漫畫，兩者發音相同）。戰後流行的新式漫畫因為普遍被視為兒童讀物，因此大學生閱讀「漫畫」才會引起輿論關注。

迎合市場口味沒有想像中容易：編輯的角色

貸本漫畫家轉投雜誌的過程聽起來似乎相當順利，但事實上有些創作者在轉換跑道時，也經歷了跟新媒體、新讀者的磨合期。

少年少女雜誌面臨較大的社會壓力，漫畫內容也有許多限制，而出版社高層最初也曾對部分貸本漫畫家的創作內容有所怨言，認為其創作不符合雜誌及出版社形象。這時候負責在創作者和經營高層之間斡旋、進行協調或是給予建議的，便是雜誌編輯。

編輯作為協調者

原是貸本漫畫家的水木茂，原本的畫風在少年雜誌讀者間不受好評，而後他依照編輯建議，將筆下人物改成雜誌讀者比較能接受的圓潤畫風，甚至其代表作《鬼太郎》以貸本形式出版時的原名是《墓場鬼太郎》，但雜誌連載時為了改編成動畫，便在編輯建議下將不適合電視節目使用的原名改為現在的名字。

編輯不只要求創作者修改內容，有時也站在創作者的立場為其辯護。例如當時原本《週刊少年 Magazine》中的所有用字都要經過講談社校閱部檢視，而校閱部對少年雜誌的定位是具有教育意義的刊物，因此漫畫中只要出現不符合文部省（類似台灣教育部）所頒訂適合兒童程度的漢字、用語及標音，就被強制修改，因此漫畫家也不能在創作中玩文字遊戲與使用較困難的漢字。漫畫家白土三平就曾感到創作自由被干預而不滿，為此《Magazine》編輯部向經營層爭取了文字校閱權。

另一具代表性的例子是 George 秋山的作品《阿修羅》，此作曾因描寫食人劇情而遭部分縣市指定為有害圖書，出版社管理階層也為此表示不滿，但在《Magazine》編輯長強力辯護作品中的殘酷表現具有其意義下，此部漫畫最終仍以短篇形式刊載了完結篇。

貸本漫畫家能順利轉換跑道、適應主流出版業，未必全是編輯功勞，不過雜誌編輯確實在一定程度上扮演了協調創作者與市場、創作者與生產組織經營者的角色。

編輯角色越來越重要

一九五〇年代時，編輯的角色是單純的催稿、收稿，將漫畫創作交給漫畫家自由決定。但到了一九六〇年代，漫畫編輯會與漫畫家、出版社經營者協調，開始主動創造最適合市場需求的作品（當然「最適合市場」是依據編輯的判斷，未必是事實）。例如畫出棒球名作《魔球投手》的漫畫家千葉徹彌，原本對棒球外行，但編輯宮原照夫認為他的畫風畫棒球漫畫的效果最好，便教他棒球知識，千葉徹彌才願意接下作畫委託。另一部名留日本漫畫史的棒球作品《巨人之星》，漫畫家的棒球知識也同樣是由編輯指導。

以上這些例子都可以發現，在漫畫產業的發展過程中，編輯雖然不是主要的創作者，卻在一定程度上協助了漫畫創作的順利進行。

組隊刷任務速度快——漫畫家團隊的形成

雜誌漫畫市場的擴大，一方面使人才需求增加，吸引貸本漫畫家轉投雜誌出版，一方面也促使一九六〇年代漫畫的產製方式開始提高效率，好趕上週刊的發行週期。

若單論一位漫畫家一個月繪製的漫畫總頁數，週刊的工作量未必比月刊來得多，但每週構思新劇情與面臨截稿日的壓迫感則較月刊來得大。藤子不二雄、橫山光輝、千葉徹彌等漫畫家都曾在開始週刊誌連載時，表示每週交稿壓力很大。對編輯來說，週刊也同樣不是單純把月刊工作量加個幾倍而已，《週刊少年 JUMP》創刊編輯長長野規表示：「半月刊變成週刊，乍看工作量只是加倍，但實際上卻感覺變成三到四倍之多。」

有些雜誌編輯調整雜誌內容以減輕漫畫家負擔，像是少女雜誌在月刊誌時代經常用彩頁來吸引讀者，但彩色頁對漫畫家的負擔較大，因而在週刊便減少雜誌彩頁。

可知從六〇年代開始，雜誌編輯們和漫畫家就開始找尋更有效率創作漫畫的方式了。

漫畫助手與漫畫家間的互相幫忙

漫畫家想出的辦法是作畫分工。

雖然從前已有漫畫家互相幫忙作畫的情形，但一九六〇年代首度出現了固定的漫畫家合作團隊。貸本漫畫家齋藤隆夫在一九六〇年設立「齋藤 Production」，是當時唯一的漫畫家團隊。其後，白土三平在一九六三年創「赤目 Production」。而漫畫家赤塚不二夫和漫畫家長谷邦夫、古谷三敏、橫山孝雄、高井研一郎等也在一九六五年設立「不二夫 Production」——此團隊最初是為了交流創作靈感，因此成員也包含責任編輯，但後來成員間也互相幫忙作畫。

許多這些漫畫家設立的互助團體後來轉型為正式的法人團體，也多有負責對外接洽工作、規劃行程與交涉作品企畫的經紀人，形成專業的分工團隊。

上述這些團隊多是漫畫家之間的合作，而現代日本漫畫產業的以漫畫家為首，搭配幾名助手的助手團隊制，目前卻沒有研究能明確記載漫畫助手一職是何時產生。不過據《週刊少年 Sunday》編輯長豐田龜市回憶，一九五九年時漫畫家幾乎是一人作業。而到了一九六〇年代末，當時還未出道的漫畫家永井豪擔任了石之森章太郎助手，證明這個時期漫畫家已有助手，其後永井豪得到秋田書店雜誌《漫畫王》連載機會時，也曾因一個人無法負荷連載工作量而一度婉拒，但當時編輯長壁村耐三幫永井豪找來了助手。

其他像漫畫家菅谷充、本宮博志等等，也都曾在一九六〇年代末擔任漫畫助手或是聘請助手來協助作畫。

由以上例子推測，漫畫助手一職可能是自一九六〇年代逐漸普及。

腳本與作畫的分工

《週刊少年 Magazine》編輯部則提出故事腳本與作畫分開作業的方式。其他的製作團隊多半是集體創作劇情、作畫，或是只協助作畫，而《Magazine》則提出將劇情與作畫兩種工作分開——作家構思劇情，漫畫家負責作畫。

一九六〇年代《Magazine》的許多人氣作品❶都採用了這種分工模式。

這種方式最初由《Magazine》編輯長牧野武朗提出，他認為漫畫家一個人在好幾本雜誌上連載，不僅作品頁數多，工作量也比過去大，再怎麼有才能的漫畫家也終有無以為繼的一天，因此才提出分工制。

現今日本漫畫腳本與作畫分開並不稀奇，但最初腳本作畫分工制被提出時，漫畫家並不喜歡這樣的提案。可能當時漫畫家對漫畫創作的看法偏向藝術家，雖然可接受某種程度上的協助，但對創作核心（創意）被剝奪便感到十分排斥。因此最初提出腳本作畫分工時，有些漫畫家光聽到腳本另由他人負責便予以拒絕。

此外，《Magazine》編輯部為了決定負責作畫的漫畫家，也曾試過讓許多漫畫家試畫角色，再由中小學生選出適合故事的畫風——這種作法也受到許多當時的漫畫家排斥。

分工制不僅一開始在漫畫家處碰壁，也遭到一般作家排斥，像是最初《Magazine》編輯長拜訪作家梶原一騎時，梶原認為撰寫漫畫腳本在少年雜誌連載會降低格調，便拒絕執筆。反倒當時才傳入日本不久，在日本仍屬小眾的科幻小說作家卻相當樂意在少年雜誌上發表創作，他們除了幫少年雜誌撰寫漫畫原作以外，也在少年雜誌上執筆科學、科幻報導、圖解企畫、座談會等等。

促成轉型的因素

由以上幾種分工制都成型於六〇年代來看，當時應該有某些促成產製制度轉型的時代因素。

評論家中野晴行提出一個觀點，認為漫畫家團隊、漫畫助手及腳本家，都是因應週刊誌的產製週期而形成的需求。

學者雜賀忠宏也曾指出一九六〇年代日本漫畫編輯開始在產製過程中增加主導權，雖然他認為那是因為六〇年代日本漫畫產業開始重視漫畫娛樂性（商業性）的緣故，但世界各國的漫畫出版業也都是為追求利益，卻未必都會像日本漫畫編輯這樣高度參與創作過程。

因此，若以赤塚不二夫的創作團隊作為例子，「為了提升創作效率」而讓漫畫編輯參與創作團隊，這可能才是日本漫畫編輯在產製過程中開始變得重要的原因。換言之，「只追求商業利益」可能並非關鍵因素，但「必須在短時間內」追求商業利益與藝術價值間的平衡，或許才是分工制度形成的關鍵。

而在日本漫畫產業的發展脈絡中週刊誌出現的意義，也絕不只是單純從一個月出版一次，變成一個月出版四次而已。

專業宅：編輯也有專業分工

一九六〇年代或許因為雜誌編輯開始參與漫畫產製和單行本製作，又必須忙於跟其他產業合作，使得業務量增加，因此不僅是漫畫家，雜誌編輯的業務也開始出現了分工情形。目前文獻可以看到六〇年代末時已有漫畫編輯將部分雜誌單元委託給編輯專門公司（編 Pro）❷製作，例如六〇年代末講談社將《週刊少年 Magazine》的部分企畫與單行本製作，外包給專門承接漫畫業務的鈴木 Production ——此公司為少年雜誌編輯退休後創業的。

有些漫畫的編輯專門公司，甚至培養自己的漫畫家供稿。這些高度分工的現象，正顯示了日本漫畫產業逐漸由傳統藝術轉型成文化產業。傳統藝術中雖然也有些創作形式需要多人參與才能完成（例如大多數的戲劇），不過傳統藝術上較少進行科層、建制化的分工，而文化產業則普遍具有一定程度的專業分工。

❶ 如：《魔球投手》（1961 年，作：福本和也、畫：千葉徹彌）、《8Man》（1963 年，作：平井和正、畫：桑田次郎）、《巨人の星》（1966 年，作：梶原一騎、畫：川崎伸）、《小拳王》（1968 年，作：高森朝雄、畫：千葉徹彌）。

❷ 一九七〇年代前後，日本有些出版社為追求更效率的企業經營，轉型為「不製作書籍的出版社」，也就是將部分編輯業務外包，社內編輯則專注於專案管理。因應編務外包，日本誕生了許多只負責編務的編輯專門公司，日文稱為編輯 Production（編集プロダクション），簡稱編 Pro。

發掘愛好者的收藏需求：漫畫單行本

一九六〇年代是現代日本漫畫產業制度建立的重要時期，出版社除了提高產製效率、招攬創作者外，漫畫的出版形式也有新的轉變。

一九六〇年代前：單行本跟連載幾乎不相干

現代日本的漫畫市場多半發行兩種版本的漫畫——通常先在雜誌上連載，等累積一定稿量後再集結為圖書形式（單行本）。

不過，在一九六〇年代以前卻不是這樣。當時赤本、貸本出版社以發行單行本為主，但是不經營雜誌。

經營雜誌的主流出版社，則不會將雜誌上的連載漫畫以單行本形式再次發行（只有少數人氣作品例外，如《原子小金剛》❶）。不然就是如《少年Book》等雜誌都曾做過的，在累積一定稿量後，製作成「總集篇」小冊子當成雜誌附錄來贈送。

整體上而言，當時主流出版社認為，不會有人想購買已經在雜誌上刊登過的內容重新出版的單行本。

又由於不用為印刷單行本再次製版，當時的出版社普遍不重視漫畫原稿的保存，甚至曾有出版社裁切漫畫原稿作為雜誌贈品使用——現代因為要保留原稿為單行本製版，會謹慎保存漫畫原稿——當然，切割漫畫原稿可能也跟當時智財權觀念普遍低落有關，當時的編輯和漫畫家可能都沒有意識到原稿是屬於漫畫家的財產。現代出版社如果擅自毀損或丟失原稿，自然必須賠償。

一九六〇年代後：連載集結成單行本

直到一九六〇年代，開始有部分出版社有計畫地將雜誌連載的熱門漫畫集結成冊發行，內容基本上與雜誌連載的相同，這一般被稱為「新書版漫畫單行本」，例如小學館的Golden Comic書系（1966）、秋田書店Sunday Comics（1966）、朝日Sonorama社的Sun Comics（1966），集英社的Compact Comics系列（1966）、Margaret Comics（1968）、JUMP Comics（1969）等書系。

有一點與現代漫畫產業形態大不相同，雖然出版社開始建立漫畫單行本書系，有些人氣漫畫甚至發行彩色版漫畫單行本，但此時期的大出版社仍普遍不重視漫畫單行本銷售，因此發行漫畫單行本的出版社經常和經營雜誌的出版社不同。例如集英社的Compact Comics系列，在一九六六年第一本出版的單行本是白土三平的《佐助》，而此作品本來在光文社的少年漫畫雜誌《少年》上連載。而在集英社出版前，白土三平還曾請光文社將該作品的單行本出版權讓給青林堂，作為青林堂漫畫雜誌《Garo》的經營資金——《Garo》創辦者兼青林堂社長長井勝一都說，這種讓出人氣漫畫出版權的情形，現代幾乎可說是不可能再看見了。

當時漫畫單行本因為多是收錄雜誌上的人氣漫畫，銷售情形應該普遍不錯，例如到一九六〇年代中期為止，講談社版稅收入最多的作者是小說家山岡莊八，而自從出版社創立漫畫單行本書系後，漫畫家千葉徹彌及里中滿智子的版稅收入便超越了山岡莊八。

一九六九年時，筑摩書房更率先推出以漫畫家為中心的作品全集，使得各社也紛紛開始出版漫畫全集。

既然漫畫單行本收益不差，為何當時的大出版社並不重視單行本呢？目前沒有相關文獻記載相關原因，但有可能是雜誌本身收益已經相當不錯了吧！

漫畫評論家中野晴行就認為，漫畫出版社開始嚴格掌握自家人氣漫畫的單行本發行權，是在石油危機發生後的一九七〇年代。先不論單行本發行權的轉移，日本漫畫產業開始將同一部作品發行雜誌和單行本兩種版本，以產業角度而言具有兩種意義：

首先對出版社和創作者來說，漫畫家的收入除了雜誌稿費外，還增加了版稅收入；而漫畫出版社的收入來源也從純粹的雜誌銷售收入，轉變為雜誌和單行本的雙重結構（雖然當時雜誌跟單行本經常由不同出版社發行），這種收益結構的轉變，在數十年後產生了明顯的影響。

其次單行本為市場所接受，顯示出市場端的變化，也就是消費者願意看完雜誌連載後，再度購入同樣內容的單行本收藏，顯示出漫畫對愛好者而言不僅是在紙質低劣的消費性媒體❷上用過即丟的文化商品，也可以具有收藏價值。另外，讀者本身的經濟條件也足以滿足其收藏的欲望。但是，此時漫畫的「價值」仍只有愛好者認定，距離漫畫的文化價值受到社會大眾普遍承認，還有很長一段路。

❶ 當時不只是漫畫，其他刊登於雜誌上的作品也有許多不會再重新製版、印刷發行，以繪物語《沙漠的魔王》為例，這作品當時有發售圖書版，但並沒有重新印刷內頁，而是出版社回收過期雜誌後、直接切下雜誌內頁重新裝釘而成。這對今日的出版產業來說簡直是不可思議。

❷ 在日本雜誌市場中，有許多雜誌會採用精美的印刷方式與高級紙質來顯示質感，例如女性雜誌、型錄、MOOK誌都常使用質感高的銅版紙（コート紙），但日本漫畫雜誌為了維持相對低廉的售價，多半使用紙質薄而粗糙的再生紙（印刷せんか紙），再生原料約有三四成是來自報紙，因原料上沾有原本的印刷墨跡，為了遮蓋而經常將再生紙染成其他顏色，多半為橘、黃、綠、藍等顏色，這些便是日本漫畫雜誌內頁經常出現的紙張顏色。漫畫雜誌也因印刷及紙質粗糙、雜誌頁數多而佔空間，具有許多收藏上的缺點。

動漫畫產業與其他產業的早期合作

早期的少年雜誌雖然經常與其他產業進行合作，不過和一九九〇年代盛行的 Media-mix 行銷手法有所不同，這時期的少年雜誌還是綜合雜誌，合作企畫不一定與連載漫畫有關，但一九九〇年代時的漫畫雜誌已多轉型成漫畫專門誌，更多是為了行銷漫畫作品而與其他產業進行合作。

不容忽視的兒童消費力

一九六〇年代的跨產業合作企畫，有些以知識特集形式出現，像是一九六一年八月十三日《週刊少年 Magazine》刊登西部劇手槍與來福槍報導特集，就是由雜誌編輯內田勝主動向模型槍商店提案，並且在專題特集後結合廣告，讓讀者只要將與商品費用等值的郵票寄到編輯部，模型槍就由商店直接寄送到讀者家中。這期單元大受讀者好評，《Magazine》編輯部收到的郵票多到整個講談社郵件收發室都用不完，而又為了消化郵票，內田勝改向郵票商交涉，在兒童集郵尚未興起的那時候就刊登了集郵專題，並將前一次收到的大量郵票作為雜誌贈品——這項企畫則收到了三十萬份的讀者來函，當時的少年雜誌編輯也因此發現，若能先讀者一步捕捉流行趨勢，就能利用雜誌帶起讀者間的風潮。

小學館的雜誌《週刊少年 Sunday》也沒有讓《Magazine》專美於前，很快便展開和各種業者合作的連動企畫。這些企畫的成功當然與日本社會經濟成長、兒童開始有能力購買嗜好品息息相關。

兒童消費力的提升，也體現在日本動畫產業與零食商之間的贊助關係。

自從五〇年代電視出現後，日本動畫產業也從一九六〇年代開始發展。先是出現了許多漫畫改編的真人電視劇，如一九五八年漫畫《月光假面》同時開始雜誌連載和電視劇播映，後來該作品也改編為真人電影。

然而，日本動畫產業剛起步時，一些漫畫編輯還將電視當作競爭對手，也敵視改編當紅漫畫來「借用」漫畫人氣的電視動畫。一九六三年日本第一部國產黑白長篇動畫《原子小金剛》播映，當時還沒有動畫（アニメ，Animation）一詞，而被稱為「電視漫畫」（ＴＶマンガ）——此名詞也可推知當時動畫作品多改編自漫畫。

《原子小金剛》播出後獲得高收視率，加上一九六三年漫畫《8Man》被改編成動畫也大受歡迎，動畫贊助商發售的零食更因附贈漫畫角色圖案的贈品而熱賣。不僅漫畫編輯開始認識到動畫與漫畫相互宣傳的好處，許多零食或食品公司也開始贊助動畫。

這些透過動畫或漫畫宣傳的零食，其訴求的購買者自然不是家長，而是年輕觀眾。這和一九五〇年代末時，雜誌編輯還為了讓家長願意掏錢買雜誌，不敢讓漫畫佔太多頁數，這表示當時（至少編輯認為）少年讀者是沒有購買能力的情況大不相同。

媒體混合戰略

社會經濟條件改善，加上動漫畫獲得年輕讀者歡迎，間接帶動相關產品熱賣，便出現了贊助商、動畫產業、漫畫產業三贏的合作模式。

一九六〇年代已有漫畫編輯意識到這樣的合作模式可行，像《Magazine》編輯長內田勝為了《巨人之星》的動畫化，不惜四處奔走尋找願意上映動畫的電視台及贊助商，當時對於出版社同仁的不解，內田勝如此解釋自己執著於漫畫動畫化的原因：「《Magazine》的目標客群正是從小收看電視的電視世代，如果不意識到這點的話，雜誌將會被視為老舊的媒體而離讀者（兒童）越來越遠。因此強化雜誌和電視、玩具、零食等兒童喜歡事物的連結才是正途。《巨人之星》如果沒有電視的影響力加持，應該也不會形成那麼大的風潮。其影響力的證據是《巨人之星》結束漫畫連載後才長大的年輕族群，也都能琅琅上口《巨人之星》的動畫主題曲。」這段話明確展現了當時已有漫畫編輯意識到媒體混合（Media-mix）戰略的效果，並積極加以運用。

除了漫畫改編成動畫外，也有因動畫贊助商的要求而影響漫畫內容的例子，漫畫《萬能旋風兒》的主角名是源於口香糖製造商的名字，贊助商也要求漫畫中每一回都要有主角嚼口香糖的畫面出現，雖然最終漫畫家並沒有答應此要求，但口香糖仍舊因《萬能旋風兒》的高人氣而大賣。

動畫與特攝節目興起

日本動畫產業初期就這樣依附著漫畫產業成長，許多少年、少女漫畫陸續被改編成動畫，如：《鐵人28號》（1963播出）、《少年忍者風之藤丸》（1964）、《魔法使莎莉》（1966）、《巨人之星》（1968）、《女排No.1》（1969）等等。

一九六五年出現第一部長篇的日本製彩色電視動畫《森林大帝》，後來也開始出現動畫和漫畫同時連載的例子，像是一九六八年的《卡姆依外傳》。至於日本動畫產業開始製作原創動畫，則要等到一九七〇年代。

即便日本動畫產業製作原創作品，直到二十一世紀的現在，日本動畫產業也還有將近七成的作品改編自漫畫；漫畫作品也會因電視動畫而提升賣量。

日本動漫畫產業能有今日成就，多少可歸功於早期就開始運用相互宣傳的媒體策略，彼此扶持成長。

除了與動畫產業合作，提到少年雜誌與電視節目合作的成功案例，便不可不提特攝節目。特攝是一種運用特殊效果拍攝的戲劇類型，像是《哥吉拉》、《超人力霸王系列》都是相當具代表性的作品，其消費族群和ACG產業有一定的重疊。

但是，在一九六〇年代末時，特攝節目其實並不受電視台看好而被塵封，並未播出。當時在《週刊少年Magazine》製作專題報導的創作者大伴昌司，卻認為特攝節目具有受青少年歡迎的潛力，便將特攝動畫《超異象之謎》的怪獸製作成圖解特集，刊登在《Magazine》上。

雖然講談社行銷部門跟電視台的人想法一致，認為小孩子不會喜歡這些醜陋的怪獸，而拒絕使用怪獸作為雜誌封面，但在編輯長內田勝強力支持下，《Magazine》仍舊敲定了該期的怪獸封面——當然，該期雜誌非常熱賣——而當期雜誌的熱賣，讓原本認為小孩子不會接受特攝片而塵封《超異象之謎》的TBS電視台改變心意。《超異象之謎》開播後立刻拿下了該時段收視率冠軍，這驚人的市場反應使得講談社行銷部門催促《Magazine》編輯部繼續製作怪獸特集。其後，《週刊少年Sunday》也不甘示弱地與東映公司聯手製作特攝節目企畫，掀起兒童間的怪獸風潮。

這些跨產業合作的企劃十分多元，能進行這麼多樣化的企劃，或許跟雜誌具即時性、多單元的媒體特性有關，而跨產業合作企劃的成功經驗也確實在動漫畫產業中流傳下來，成為往後日本ＡＣＧ產業異業合作的基礎。

動畫產業在一九六〇年代時雖然才剛起步，幾乎是依附著漫畫產業成長，甚至被部分漫畫編輯視為搶走雜誌讀者的敵人，但日後卻先於漫畫產業，成為日本ＡＣＧ邁向全球化的一大推手，反過來帶動日本漫畫走向國際化。這樣的發展也是當時敵視動畫的雜誌編輯所不能預見的。

從「C」到「ACG」

——一九七〇至一九八〇年代末的ＡＣＧ產業

想看的漫畫自己畫——當讀者開始成為創作者

從一九六〇年代開始，戰後漫畫可說紮穩腳跟、不斷成長，但接下來的時代也開始需要注入新血，畢竟這些故事漫畫的創作者不論是手塚一派，或是貸本界出身的劇畫家，全都是戰前出生的創作者，如果沒有新人傳承，在創作者老後新式漫畫將隨之衰微。

幸好自一九六〇年代末開始，戰後出生的新世代讀者開始陸續投身漫畫產業，而如何讓這些新人熟悉漫畫產業的體制，並順利被市場接受，便成了急待解決的問題。這些新人創作者許多都是故事漫畫愛好者，對戰後以來的故事漫畫也有自己的看法，因此在他們自己成為創作者後，如何把年輕人的想法帶入漫畫產業，便格外值得關注。

對舊時代的反動：個人嗜好、情報誌、女性經濟

一九七〇年代的日本社會雖然整體變得富裕，媒體上也出現「一億總中流」（多數國民都自認是中產階級並願意消費）一詞，但同時石油危機使得物價上漲，年輕人開始質疑經濟高度發展帶來的環境破壞、各種公害病，以及過去的價值觀——這些對舊時代的反動逐漸融

入年輕人的物質生活中。日本年輕人不再以集團主義為思想依皈，而將關注對象轉向自己，培養個人嗜好與技能。

反映在娛樂消費上，年輕消費者不再排斥傳統認為的「低俗」消遣，例如一九六〇年代日本開始流行的情色電影（日文稱ピンク映画，Pink電影）、嬉皮文化及漫畫雜誌等等，都是過去「不入流」的娛樂。

同樣的，注重個人嗜好同時帶動許多新興娛樂消費，如高爾夫球、賽馬、自助旅行等在一九七〇年代開始大為流行。受到這種風氣影響，一些專門提供娛樂消費資訊的「情報誌」也開始創刊，例如一九七二年創刊的電影、演唱會情報誌《PIA》專門收錄各種演唱會及電影場次訊息。像這種不傳遞編輯者理念、沒有「文化價值」而只有資訊的雜誌，對戰前以來的出版人來說可是前所未見。情報誌的優點在於目標族群集中，除了《PIA》這種專提供某類型資訊的情報誌外，一九七〇年代也出現許多以客群來區分的時尚生活情報雜誌，如《an・an》（1970）、《non-no》（1971）都以年輕女性的理想生活形態為賣點，內容還包含當時少見的年輕女性旅行資訊。這種現象不僅反映日本女性開始進入職場並擁有經濟能力，也間接顯示了年輕人不分男女，崇尚個人休閒生活的價值觀。大眾媒體為此還創出「annon族」（アンノン族）、螃蟹族（カニ族）等名詞來稱呼年輕人❶。

這些社會風氣也帶給年輕漫畫家與前輩們不同的價值觀。當出版社建立起人才培育制度讓年輕人得以進入產業時，他們也帶來了漫畫內容的變革。

就在這樣的時代背景下，一九七〇年代的漫畫產業延續上個時代成型的產製制度以及完成初步區隔的市場，開始蓬勃發展。

少女雜誌的漫畫新人賞

原本少女雜誌市場在一九六〇年代由講談社、集英社兩社主導，但在小學館一九六八年創刊《少女Comic》雜誌後，少女雜誌界在一九七〇年代中期出現大量創刊風潮，如《花與夢》（1974，白泉社）、《Princess》（1975，秋田書店）、《mimi》（1975，講談社）、《LaLa》（1976，白泉社）、《Ciao》（1977，小學館）等等。

雖然較少年雜誌晚了一些，但少女雜誌也開始出現初步的年齡市場區隔，不僅有以國小女學生為目標市場的《好朋友》、《緞帶》、《Ciao》，也有以國高中生為對象的《Margaret》、《少女Friend》，以及高中以上的《LaLa》、《mimi》等等。

因應對漫畫人才的大量需求，六〇年代後半各少女雜誌紛紛設立「新人賞」以吸收新人加入。依據少女雜誌編輯小長井信昌的說法，因為雜誌大量創刊，加上資深漫畫家稿費比較高，使得許多剛創刊的小雜誌難以負擔，只能另尋新人，所以少女雜誌比少年雜誌還早開始持續的設置漫畫新人賞。

不過，也有可能是一九六〇年代後原本同時在少年少女雜誌上連載的漫畫家，因為週刊工作量大，使得漫畫家必須專心於少數作品，因而減少了對少女雜誌提供漫畫稿源。不管實際上的原因為何，少女雜誌對原稿的需求，確實促使它開始建立新人培育機制。

在新人賞未設立的時候，雜誌主要的創作新人來源是雜誌投稿、創作者到出版社毛遂自薦，以及出版社挖角其他業界人才（如貸本漫畫家）。後來為了提高創作者投稿意願，便設置了雜誌的漫畫新人賞。

漫畫新人賞早期可追溯至一九五四年少年雜誌《漫畫少年》舉辦的獎項，當時「漫畫新人王」第一回得主是如今的知名漫畫家松本零士，只是隔年《漫畫少年》廢刊，因此該獎項並沒有持續下去。直到十年後，講談社於一九六四年舉辦第一屆「少女 Friend 新人賞」，成為最早設立少女漫畫新人賞的出版社，而得獎的是年僅十六歲的高中生里中滿智子——在學期間就以漫畫家身分出道，於當時的漫畫創作圈是十分震撼的消息！

據許多與里中滿智子差不多年紀的少女漫畫家回憶，當年看到和自己一樣年輕的女學生透過新人賞成為職業漫畫家，激發了他們努力投稿的較勁心態——於是雜誌對於創作者的需求，還有年輕人「立志」成為漫畫家，就這樣透過新人賞搭上了橋樑。

自里中滿智子後，青池保子、大和和紀、飛鳥幸子、平田真貴子、忠津陽子、美內鈴惠等人都在高中生年紀時進入少女漫畫界。漫畫家新人的年齡層開始下降，包括一九七〇年代在少女漫畫界引起巨大變革的「花之二十四年組」，這群大約都出生於昭和二十四年（一九四九年）的女性漫畫家，也多在六〇年代末出道，如一條由佳莉（1967）、竹宮惠子（1968）、大島弓子（1968）、萩尾望都（1969）等等。

在新與舊之間：編輯的努力

雖然已有手塚治虫這類登上高額納稅者排行的漫畫家前例，但在社會大眾心中，漫畫家仍然不是一項有前途、有社會地位的工作，因此編輯在吸引年輕新人投入時更要花費心力。

當時的編輯有時必須親自拜訪創作者的父母，打消他們對於收入等工作條件的疑慮，才能順利拉攏新人進入產業。例如：少女漫畫家萩尾望都原本出道時遭到家人反對，其實她母親不反對她從事創作，只是覺得漫畫上不了檯面而且「看不到前途」，因此希望她當童話繪本作家，但在講談社編輯親自拜訪後，家人才了解受歡迎漫畫家的收入可以比上班族還多，因而轉為支持她赴東京當漫畫家。

當然我們沒有確切數據可以證實，日本漫畫產業能成功招攬許多新血加入是否由於這些編輯的努力，不過新興文化產業在推展初期往往招來外界質疑卻是不爭的事實。尤其在東亞社會，收入不穩定經常成為新人創作者對藝術相關產業卻步的原因，而業內人士對於外界疑慮的應對處理，或許比想像中來得更重要。

❶ annon族指的是按《an·an》、《non-no》旅遊特集進行獨自或三五人觀光旅行的年輕女性們，螃蟹族是背著大登山背包、利用便宜大眾交通工具進行低預算長途旅行的年輕族群。

新人從等級低的副本開始：雜誌別冊的功能

當新人成為漫畫家後，如果是在比較具規模的雜誌出道，常常無法直接在本誌上開始連載，而會先於雜誌別冊或增刊號上刊登短篇作品，直至具有足夠人氣才轉移至雜誌本誌連載較長篇的作品❶。

而一九七〇年代日本少女漫畫出現的重大突破，可說與創作者本身的質變、雜誌的媒體特性、管理者的支持等多方面環境因素都有關係。

新人作品與分散風險的別冊

一九五〇年代時綜合雜誌經常用漫畫別冊作為雜誌附錄來刺激消費，或是在出版社開始發行漫畫單行本之前，也經常利用雜誌別冊來刊行漫畫總集篇，吸引喜歡該作品的讀者購買雜誌。

到了一九六〇年代中的「別冊」和這些雜誌附錄則有些不同，如《別冊Margaret》、《別冊Friend》、《別冊緞帶》等雜誌，雖然名為「別冊」，但都與本誌分開販售。甚至還有本誌停刊後，別冊繼續發行的情況，例如《別冊Friend》就在本誌《少女Friend》停刊後繼續發行，至今刊名中也仍然保留著「別冊」兩字。

這些「別冊」雜誌看似與本誌是完全獨立的商品，但別冊和一般雜誌不同之處就是仍與本誌有緊密關聯，不僅新人漫畫家會先在別冊上試水溫，本誌的人氣漫畫家在有空檔時，也會在別冊上刊登短篇作品，甚至在別冊刊登本誌作品的番外篇。這些例子顯示漫畫雜誌別冊和本誌關係緊密，卻又有一定程度獨立性的複雜特質。因此有時別冊會被稱為本誌的「衍生雜誌」（日文稱為派生誌）或姊妹誌；這類衍生雜誌在一九八〇年代更為盛行。

衍生誌的存在，對漫畫產業有什麼意義？我認為它具有一定程度分散風險的作用。當某本雜誌已經建立起一定市場口碑，為了維持口碑當然不若新創刊雜誌來得自由——相較已有一定名氣的創作者，新人的支持度仍是未知數，此時若能有別冊先讓新人試水溫，本誌便不需冒著失去市場口碑的風險刊登新人作品。這種手法就像時尚品牌策略性地捧紅副牌，再將之交給新人設計師練習與發揮，新人可以盡情嘗試，也不用背負搞砸品牌名聲的壓力。而別冊給予新人漫畫家類似時尚品牌副牌的空間，這種做法較過去讓讀者投稿佔了大半頁數的雜誌《漫畫少年》保險得多❷。

此外，本誌的職業漫畫家時不時刊登番外篇或總集篇在別冊雜誌上，又可以提高讀者對別冊雜誌的關注度，不至於因整本別冊都是新人作品而降低讀者購買意願。

突破與創新的冒險舞台

別冊雜誌作為一九七〇年代少女雜誌培育新人的一環，對生產者而言是降低市場風險，對創作者來說則提供了一個可以冒險的舞台。

一九七〇到八〇年代間，新人少女漫畫家進行了許多漫畫表現手法和內容的嘗試，挑戰許多當時雜誌編輯並不看好的題材，例如女性奮鬥事業、少年間的同性愛情❸，歷史劇、科幻題材❹等等，但這些漫畫卻意外大受讀者歡迎。

在開創少女漫畫更多可能性的同時，另一方面，也仍有新人持續創作既有的少女戀愛漫畫，例如陸奧A子、田渕由美子等人所描繪的「清純少女風格」（乙女チック）少女漫畫。

在這兩派新人漫畫家的努力下，一九七〇年代少女雜誌發行量屢屢打破過去記錄，像《緞帶》在一九七八年達到了一百二十萬本的發行量，也使得許多男性讀者開始對少女漫畫產生興趣。

少女漫畫內容的轉變也產生出和一九六〇年代《週刊少年 Magazine》、《週刊少年 Sunday》同樣的問題——年齡層較低的讀者因看不懂漫畫而放棄《緞帶》雜誌。因此，一九八〇年代，《緞帶》雜誌再度開始大量引入新人少女漫畫家，如《櫻桃小丸子》的作者櫻桃子等等。而一九七〇年代少女漫畫家在內容上進行的大膽實驗，也帶動一九八〇年代更多創作者進行漫畫表現的嘗試，這點將在後續繼續討論。

這些貼合一九七〇年代潮流的嶄新創作出現並非偶然，而是戰後喜愛故事漫畫的讀者們長年閱讀故事漫畫後，發掘當下漫畫市場所缺乏的題材。

據漫畫家一條由佳莉回憶，她在一九六〇年代末剛出道時，覺得當時流行的少女漫畫「很古老、很無聊」，便想創作不一樣的少女漫畫。

同時代的漫畫家森田順也提到，雖然她拿下《緞帶》的新人賞出道，但當時《緞帶》上的少女漫畫多以小學生為主角，已是大學生的她根本不想閱讀，而《緞帶》的編輯長相當重視她這個意見，於是讓她自由發揮。

這些漫畫家以熟悉文化商品市場上既有的商品類型為前提，思考如何突破與創新，這便是同時身為讀者及創作者的戰後新人漫畫家與戰前出生的前輩的最大不同之處。

此外，一九六〇年代後蓬勃發展的漫畫評論及愛好者社群，對這些創作者、乃至日本漫畫產業的影響也不可小覷。

現今少女漫畫已成為日本漫畫產業的一大特色種類。一九七〇年代創作者們的突破，讓日本漫畫產業如今擁有豐富的作品類型、題材，而這些實驗性作品如今也仍倍受推崇。

❶ 由於現有文獻不足，目前僅從少女雜誌編輯回憶中得知，利用別冊及增刊讓新人磨練的制度在少女漫畫界實施有年，但無法確定普及程度如何。少年漫畫市場中，《週刊少年 JUMP》（1968 年創刊）編輯也提過一九七九年兄弟誌《Young JUMP》創刊後，他們會讓《週刊少年 JUMP》新人賞得主先在《Young JUMP》發表短篇練習，但除此外沒看到更多文獻記載。

❷ 《漫畫少年》刊載過許多戰前名漫畫家及名小說家的作品，該刊一大特色是讀者互動單元及漫畫投稿，這是因為編輯長加藤謙一希望製作和讀者共有的雜誌，此外也因該刊的編輯經費少。當時的投稿者許多後來成為了職業漫畫家，例如藤子不二雄、石森章太郎、赤塚不二夫等，使得《漫畫少年》成為現今漫畫迷心中的夢幻雜誌。這些漫畫家回憶當年投稿經驗時，都提到作品被刊登出來的成就感及詳盡的獲選評論，讓他們對《漫畫少年》產生連帶感和投稿熱情，甚至因此而想當漫畫家。《漫畫少年》的賣點一部分便建立在讀者對雜誌的參與感與親切感上，不過採用大量讀者投稿同樣也有風險，到了《漫畫少年》休刊前，有半數雜誌頁面是讀者投稿，漫畫家赤塚不二夫就曾言：「整本雜誌有大半是新人，反而會失去在其他讀者心中的地位。」

❸ 一九七〇年代的耽美漫畫、少年愛漫畫，與後來的 YAOI 漫畫、Boy's Love 漫畫其實屬於不同類型的漫畫，但如同劇畫及手塚治虫漫畫後來合流，近年來這類以女性為目標族群的男同性戀漫畫幾乎都已統稱為ＢＬ漫畫，而少年愛、女性職場漫畫等題材在一九七〇年代出現、並受到讀者歡迎，可能是受到當代女性意識抬頭影響。關於這類當代社會思潮與漫畫文本的互動，相關文化研究已有不少，本研究就不多加以闡述。

❹ 該時代有非常多至今被視為經典的少女漫畫作品，如：《Arabesque》（1971）、《波族傳奇》（1972）、《凡爾賽玫瑰》（1972）、《天使心》（1974）、《Designer》（1974）、《玻璃假面》（1976）、《風與木之詩》（1976）、《王家的紋章》（1976，又稱《尼羅河女兒》）、《奔向地球》（1977）、《日出處天子》（1980）……族繁不及備載。

收視率才是王道的《週刊少年JUMP》

在少女漫畫市場大幅成長的同時，一九七〇年代的少年雜誌也開始設置漫畫新人賞。率先採用新人賞制度的雜誌是《週刊少年JUMP》。

基於成本和市場定位考量，《JUMP》編輯部積極發掘新人。當《JUMP》創刊於一九六八年時，兩大知名少年週刊誌《週刊少年Sunday》、《週刊少年Magazine》都已經創刊近十年，大部分有名漫畫家都在這兩誌上進行連載，而龐大的工作量讓漫畫家不太可能在《JUMP》連載另一部作品，加上《JUMP》編輯部的經費並不多，只能負擔一、兩位稍有名氣的漫畫家稿費，剩下的版面就得仰賴新人。

起用新人自有其風險。一來無法掌握市場接受度，二來新人的經驗也較為不足。曾任《JUMP》編輯長的中野祐介如此回憶創刊時的困境：「新人漫畫家連載時沒有多餘心力創造出獨特的故事或人物，結果每部漫畫都顯得很類似。但除了把希望寄託給他們外，也沒有其他辦法。」由此可知當時《JUMP》不得不將賭注押在新人身上的情形。而為了吸引新人加入，還設置了當時少年雜誌界破天荒的高額獎金五十萬日圓，換算成每頁原稿費比當時的名漫畫家手塚治虫還高。

雖然沒有文獻可以得知高額獎金使《JUMP》新人賞投稿的踴躍程度提升了多少，但獎金對年輕創作者的吸引力應該還是很大的，例如同為集英社的少女雜誌《緞帶》在一九六七年設立的新人獎提供了二十萬獎金，不僅高於其他少女雜誌，就算跟當時普遍的薪資條件相較亦是相當不錯。

據《緞帶》第一回新人賞獲獎的漫畫家們回憶，當年幾乎都是為了獎金而投稿的。弓月光還提到，二十萬甚至比他父親的薪水還多。

從這些不惜花費大筆金錢也要爭取優秀新人的情形來看，可以推測到了一九六〇年代末，故事漫畫在出版市場中的地位已經逐漸穩定下來，也是出版社認為值得投資的文化商品。

問卷至上主義

由於《JUMP》幾乎整本雜誌都起用新人，無法期待像知名作者一樣帶來粉絲與銷量，因此作品本身的吸引力受到極端重視，編輯也對連載作品多了更多干涉。新人在《JUMP》上正式連載之前，必須不斷提出作品企畫和編輯討論與修正，直到編輯能接受為止。

此外，一九七〇年代時《JUMP》開始採用另一種讓編輯和新人漫畫家輕鬆了解市場迴響的機制——完全市場導向的「問卷至上主義」。

利用雜誌回函進行市場調查是雜誌普遍的作法，但《JUMP》的例子向來在日本漫畫產業中特別受關注。一方面因為《JUMP》長期作為少年漫畫雜誌市場的銷量冠軍，也是擁有日本史上最高銷售記錄的雜誌。另一方面則是《JUMP》極端地貫徹以市調結果來決定作品存續的商業方針。

如同前述，一部作品要在《JUMP》上連載之前，會先由漫畫家和編輯討論新作品提案，通過編輯會議後畫成十回左右的短篇作品刊登在雜誌上。前五回若是讀者回函反應不錯，十回後就繼續進行連載；若是反應不佳，就在十回左右完結。連載期間若是持續收到好評，即便作者希望結束作品，編輯部通常也會要求拉長連載。反之即便作者的故事還沒畫完，若讀者反應持續低迷，則作品將面臨被腰斬的命運——可說是完全憑市場機制決定作品生命。

這種做法後來也衍生出許多質疑，如：完全依照觀眾喜好產出的文化商品，是否具有藝術價值？不過，純粹以產業角度而言，《JUMP》自創刊以來銷量不斷上升，並很快超越《Sunday》、《Magazine》等坐擁知名漫畫家的老牌雜誌，證實了其運作模式還是一定程度受到了市場肯定，有值得探討的空間。

當《JUMP》決定採取以市調為中心的產製機制後，自然必須完善這個制度。首先面臨的第一個問題是「若回收問卷數不足，其市調結果將不足採信」。曾任《JUMP》編輯長的西村繁男回憶，在《JUMP》創刊之前，他所負責的另一本綜合少年雜誌《少年Book》問卷回收率並不好，而新創刊的《JUMP》必須想辦法改善此點。因此編輯部決定將抽獎回函和雜誌問卷合併在一張明信片上，讓讀者填寫回函更方便，同時也簡化回函上所列的問題。

至於收到回函後該如何回饋到創作上，也需要有相對應的措施。編輯部會從寄回的明信片中隨機抽出一千張來統計，同時因為《JUMP》是週刊雜誌，這代表產製週期只有一週，責任編輯需要盡早了解市場反應好與作者進行調整，所以除最後正式的回函統計以外，最早寄回編輯部的一百張明信片也會先進行一次被稱之為「速報」的簡單統計。《JUMP》市調統計機制就這樣將調整時間納入考量，設計了每週兩次的回函統計。

週刊誌與圖書不同的媒體特性

透過市調給予漫畫創作者明確回饋的機制得以成立，一部分或許得歸功於雜誌的媒體特性。

雖然許多出版社也會舉辦圖書回函抽獎活動，提供獎品鼓勵讀者回饋意見，可是一旦出版社發行圖書眾多時，通常只有少數新書才有辦法獲得舉辦活動的行銷預算，而較易獲得預算的通常都是有名氣的作家。但雜誌問卷的預算是針對整本雜誌而非單一作品，只要刊登在同一雜誌上，不論漫畫家是新人或老手都不會被遺漏，同樣能收到回饋。而且雜誌讀者喜歡的作品可能不只一部，只要當期贈送的獎品剛好是讀者喜歡的作品之一，就能提高他們填寫回函的意願。對出版社而言，能用一筆預算進行多部作品的市調，也較節省成本。

此外，一般圖書發售時，可能有很多影響銷量的變因，例如行銷預算不同、在書店的擺放位置，以及出版時機等等，但是不同作品在同一本雜誌上的各方面條件都相同，可以排除許多變因進行比較。因此同一本雜誌上的創作者都用同一份問卷調查，對於創作者了解自己的市場接受度也有所助益。漫畫家一條由佳莉還是新人時，便會主動詢問編輯自己的問卷排行結果，來調整自己的創作。

像《JUMP》這些以市調為基礎來生產文化商品的組織而言，問卷除了有效性外，時效性亦是相當重要，如果無法及時依市調結果調整作品，消費者很快會失去興趣。雜誌頻繁發刊的特性十分利於即時回饋市場反應，而以數個月甚至年為出版週期的圖書，面對市場的靈活度就不如雜誌了。

問卷制度也許不是唯一

除了作品的讀者回饋，《JUMP》也依問卷市調制訂出整本雜誌的核心編輯方針，提供編輯和創作者構思劇情時可依循的大方向。該方針是創刊時針對雜誌目標市場的小學生們進行廣泛調查，票選出小學生最關心的三個關鍵字「友情、努力、勝利」而訂出——這項編輯方針直到現在也沒有改變，並成為《JUMP》這本雜誌鮮明的品牌核心概念。

當然完全依市場反應產製文化商品未必能保證有好結果，文化產業中也沒有百分之百適用的作法。就算《JUMP》獲得商業上的成功，其推崇的「問卷至上主義」也經常受到矚目，但日本漫畫雜誌仍存在許多不同的經營方式，並不只有《JUMP》模式才是成功的經營形態，或是學個一招半式就能得到一樣的結果。

我認為這項制度能在《JUMP》這本雜誌上獲得成功，是因為背後還有多方面機制加以配合，並且建立完整的實行基礎，像是明確的雜誌核心概念、簡明有效的市調機制等等。當部分管理者或創作者有市調需求時，雜誌便可提供相對應的媒體功能；這個媒體特性的影響我認為也不容忽視。若只是單單模仿《JUMP》實施問卷機制、卻沒有考慮其他環節，不太可能獲得一樣好的成效。

問卷制度雖是《JUMP》成功之路上最顯眼的一塊墊腳石，但並不是唯一的。

漫畫專門雜誌才是新時代潮流

《JUMP》雜誌帶給日本漫畫產業的影響不只是新的經營模式，還使得當時刊登故事漫畫的主流媒體類型發生轉變。《JUMP》是日本第一本「漫畫專門雜誌」，可能也是日本漫畫產業綜合雜誌紛紛轉型成漫畫專門雜誌的幕後推手。《JUMP》於一九六八年創刊時，其他刊登故事漫畫的雜誌仍是綜合雜誌，像《週刊少年Magazine》在一九七〇年一月四日的這期，就以「視覺綜合誌」自稱，而非漫畫專門誌。

全漫畫的成功

沒有講談社及小學館的明星漫畫家坐鎮，《JUMP》卻還是決定以漫畫專門雜誌為號召，其背後也是有不得不的理由。

老牌出版社講談社及小學館，從戰前就開始累積製作專題報導的編輯經驗，而集英社卻沒有相關經驗，只能將賭注全押在故事漫畫上，打出「全漫畫」的雜誌廣告標語。

當時的講談社與小學館，雖然旗下有許多知名漫畫家，卻未曾想過將綜合雜誌轉型成漫畫專門誌，曾任《週刊少年Magazine》編輯長的宮原照夫回憶《JUMP》創刊後的情形：有些編輯雖想跟進《JUMP》，將《Magazine》轉型為漫畫專門誌，但講談社管理階層並不贊同。或許是因為管理階層認為報導、知識單元也能帶動雜誌銷量，沒必要冒著雜誌轉型風險，又或許是不想改變自戰前以來的編輯傳統。

令人意外的，漫畫專門雜誌的市場反應相當好！它的成功意謂著市場已經達到一定程度的漫畫接受度，雜誌即使不靠其他單元也足以吸引讀者購買。於是，在接下來的一九七〇年代，刊登漫畫的綜合雜誌紛紛開始轉型成漫畫專門誌。

綜合雜誌到漫畫專門誌的轉變因素

這種大規模轉變，背後還有許多可能的潛在因素。首先是日本社會普遍變得富裕，兒童消費能力比過往高，也更有能力消費娛樂商品——這點由六〇年代動畫、漫畫產業與零食商及模型槍等廠商的頻繁合作，就已經顯現出來，而這樣的趨勢在個人消費興起的七〇年代更加明顯。以同時代的出版業為例，一九七〇年代日本童書出版業發現其讀者已具有足夠的消費能力，便首度創立娛樂導向的兒童書系，其目標客群不再是為教育小孩而購買書籍的家長，反倒是用自己零用錢買書的小孩。

此外，一九七〇年代逐漸開始流行的情報誌成為年輕人獲得資訊的新管道，可能也是綜合雜誌轉型的原因，如一九六八年集英社創刊的少女情報誌《週刊 SEVENTEEN》（後改名為《SEVENTEEN》），創刊時以少女綜合雜誌《Margaret》的姐妹誌為宣傳標語，其內容包含明星、時尚流行等等，而過去的少女綜合雜誌也會刊登這類資訊，所以當這類資訊以情報誌形式獨立發行後，只想閱讀這類資訊的讀者自然不再需要購買綜合雜誌。《Margaret》後來也轉型為漫畫專門雜誌。

除了受到出版業同行風氣影響，戰後故事漫畫讀者在一九六〇年代末開始進入出版社及雜誌編輯部，可能也是雜誌轉型的潛在原因。這些戰後的故事漫畫迷不僅僅以新人創作者身分帶來影響，也有些人化身為管理者的一員，例如《JUMP》編輯角南攻（一九六八年入社）、中野和雄（一九七〇年入社）等等。這些漫畫愛好者的編輯與之前的雜誌編輯不同，他們是因為喜歡漫畫而想擔任漫畫雜誌編輯的，因此或許也在七〇年代雜誌集體轉型為漫畫專門誌的轉變中起了一些作用，只是目前尚未有文獻能夠證實。

不僅外在環境改變，《週刊少年 Magazine》和《週刊少年 Sunday》這兩部以綜合雜誌聞名的雜誌，在一九七〇年代也遇到了一些編輯作業的困境，可能讓編輯部不得不放棄繼續製作專題報導。

由於雜誌發行量不斷成長，印刷廠需要更長的作業時間。根據一九八〇年的統計，光是五部主要的少年週刊誌，單週發行量就突破千萬本。驚人的發行量及隨之而來的印刷時間，使得時事特集越來越難維持。從前的雜誌編輯經常因突如其來的大事件而臨時更換專題報導，但現在「週刊」需要兩到三週的印刷廠作業時間，加上彩色電視機普及，雜誌失去了原本因彩色印刷、視覺資訊方面比黑白電視豐富的優勢，使得報導和資訊單元自一九七〇年代中期開始漸漸消失於少年少女綜合雜誌，只有部分較小眾的雜誌還保留了過去綜合雜誌的特性。

以上種種內外在環境的變化，加上《JUMP》的成功，大概就是一九七〇年代中期綜合雜誌逐漸轉型為漫畫專門雜誌的原因。

一九六五年創刊的少年雜誌《希望之友》，原本刊登了讀物和漫畫，但一九七八年更名為《少年 World》時，轉型為漫畫專門誌，當時的編輯竹尾修提到雜誌轉型是受漫畫專門誌的創刊潮影響。

而在《JUMP》之後創刊的《週刊少年 Champion》，則是一開始就是漫畫專門誌。雜誌轉型自然需要更多創作者來填補頁數，這些需求便透過雜誌新人獎來補充，並且也有別冊、市調等機制輔助新人累積市場支持度。至此，日本漫畫產業終於形成了以「雜誌」這個媒體為中心，包含了人才育成、宣傳、市調、文本產製等各項環節的完整產製系統。

媒體對於文化產業的影響

由於市場擴大、綜合雜誌開始轉型成漫畫專門誌，培育新人成為了一九七〇年代漫畫產業的重要課題。

對所有文化產業而言，是否能不斷有新創作者投入，以及如何培育新人都是非常重要的。無論是新人賞制度或各方面的配套措施，都是一方面產製組織給予足夠誘因（高額獎金），並協助新人適應環境（編輯和新人一同討論作品原案、說服創作者的雙親），另一方面則是雜誌本身具有足夠的傳播力和信用——在新人賞活動創立後，消息不僅很快透過雜誌讓年輕創作者知道，也讓創作者相信這些雜誌有前景，而願意投入雜誌漫畫連載。

這些制度的建立能如此順利，應該與漫畫雜誌本身建立的媒體（或稱品牌）信賴度不無關係。

管理者能力與創作力的正循環

媒體經營之於文化產業的重要性，就如同品牌形象之於各種製造業。

曾任多部漫畫雜誌編輯長的小長井信昌就曾指出，新人賞要成功吸引年輕人投入，首先「雜誌本身必須要夠吸引人。內容被讀者認同的雜誌，才會激發創作者投稿意願。」這看法或許可以用媒體角度來解釋，受歡迎的雜誌擁有更多讀者，活動宣傳效果自然比較好。至於對創作者來說，受大眾肯定的雜誌舉辦的新人獎活動，不僅獲獎後較具名聲，也比較願意相信編輯具有經營好文化商品的能力，而更願意投稿。

人才流動不只有產製組織選擇創作者，創作者也同時會選擇管理者，並且可能有很多考量，像創作自由度、編輯方針、資源，以及組織管理者能力等等。尤其若要吸引創作者長期在此耕耘，充分展現經營管理能力甚至比一次性頒發的獎金更加重要。

以日本漫畫產業而言，經營一部成功的漫畫雜誌並且不斷打造受歡迎的作品，就是管理者能力的展現。若以《週刊少年JUMP》為例，初創刊時雜誌無法給予相應的名譽，只能依賴高額獎金吸引創作者，不過自創刊後經過數十年暢銷成果累積，如今在《JUMP》出道也已成為許多新人漫畫家心中的目標，這便形成了正向循環。

一九七〇年代綜合雜誌紛紛轉型為漫畫專門雜誌，這對日本漫畫產業的媒體環境自然也有影響，只是比較明顯的跡象要到一九九〇年代才會浮現了。

漫畫界的搖滾精神：色情劇畫誌與同人誌

除了漫畫專門雜誌興起外，一九七〇年代的日本漫畫市場還出現了一項值得關注的變化——新興的非主流漫畫創作場域。

戰後以來日本漫畫產業曾有過不同的發表管道，也就是主流的雜誌漫畫及非主流的貸本、赤本，只是赤本很快勢微，貸本也在一九六〇年代逐漸消失，創作者漸漸流入「正規」出版社。這些出版社的商品雖然在書市上流通，但卻有較多創作表現上的限制。直到一九七〇年代，漫畫市場上才又出現了較不受約束、創作自由度也較高的漫畫發表管道——色情劇畫誌（エロ劇画誌）與同人誌。

衝撞傳統價值的色情劇畫誌

色情劇畫誌（又常被稱為三流劇畫誌、官能劇畫誌）在一九七八年前後出現創刊風潮，主要刊物有《漫畫 Ero Jennica》（1975）、《漫畫大快樂》（1975）、《劇畫 Alice》（1977）等等。這些雜誌一開始承襲一九六〇年代出現於日本的色情電影，以畫風寫實的色情劇畫為雜誌主要內容，並且如同戰後的赤本、貸本，色情劇畫誌並不透過一般書刊流通管道販賣，多半利用七〇年代中逐漸普及的自動販賣機販售，因此和其他的色情雜誌一樣被出版業界暱稱為「自販機本」。許多當時沒被一般漫畫雜誌起用的漫畫家，便在這些色情劇畫誌上發表作品，例如坂口尚、奥平衣良、吉田光彥等等。

隨著一九六〇年代進行學運的學生（如：高取英、龜和田武等）加入色情劇畫誌的編輯部，這些年輕編輯認為傳統漫畫雜誌受限於老牌出版社對出版業的理念而顯得保守，他們希望將衝撞傳統價值觀的理念也沿用至色情劇畫誌。他們號召的小眾、變革路線使得這些色情劇畫誌招攬到一些追求漫畫表現自由、漫畫藝術表現的創作者，如久內道夫、川崎行雄、宮西計三、平口廣美、高野文子、山田双葉（山田詠美）、能條純一等等。同時不少在色情劇畫誌上連載的漫畫家，也會在以實驗性、追求漫畫藝術表現聞名的漫畫雜誌《Garo》上進行連載。

以一般社會大眾的眼光來看，不透過正式通路販賣的色情劇畫誌應該是不入流、低俗的低文化價值商品，而由一般通路發行、追求高層次藝術表現、屢屢描繪社會議題並引發關注的《Garo》則有較高藝術價值；兩者唯一共通點可能就是「小眾」。但一九七〇年代的這批創作者模糊了兩者界線，色情劇畫誌也讓無法在「正規」漫畫雜誌上發表作品的漫畫家得以維生。

色情劇畫誌的這種定位與戰後赤本、貸本體系有相當的相似性。這些小眾雜誌在七〇年代末也引發批評，如《週刊朝日》曾批評這些色情劇畫誌與左翼運動有關。面對輿論批評，編輯高取英、龜和田武等人則為色情劇畫誌的表現自由進行辯護。但此後色情劇畫誌仍多在一九七九至一九八〇年間「休刊」（實際上是廢刊）。此外，一九八〇年代初興起的美少女色情漫畫（エロコミック，該名詞現在已成泛稱，不像當時專指偏漫畫而非寫實畫風的色情漫畫）、蘿莉控漫畫（ロリコンマンガ）等其他類型色情漫畫，也是影響色情劇畫誌廢刊的因素。

不過這些曾在色情劇畫誌上進行實驗的小眾漫畫家，到了一九八〇年代仍舊持續推動著漫畫界的「新浪潮」（New Wave）運動。綜觀這時期日本漫畫在內容上的發展，不僅有將各題材帶入少女漫畫界的漫畫家，也有一批在色情劇畫誌上力求突破的創作者。這些創作者在日本漫畫表現形式及題材的持續深化方面，有著難以抹滅的影響。

同人誌與專業的漫畫評論

在七〇至八〇年代星期的非主流漫畫，除了色情劇畫誌外，還有現今是日本ACG文化一大特色的同人誌。

同人誌的本義為同好間自費出版的刊物，日本早年便已存在文學同人誌，但自ACG商品所衍生的創作、評論同人誌，卻是一九七〇年代才開始形成規模。

這樣的文化可溯及至一九六〇年代愛好者取向雜誌《Garo》及《COM》。這些愛好者雜誌上的漫畫評論使讀者開始接受「漫畫不只是娛樂，而是一種藝術表現」的概念。這種概念一方面因一九六〇年代末創作者及管理者進入出版體系，另一方面一般的漫畫愛好者們也盛行評論，不僅視漫畫為值得研究、評論的對象，也積極和其他同好交流意見。像是以讀者書評及讀者交流園地為主的漫畫情報誌《Puff》（1974，創刊時由清慧社發行，後為雜草社）便在此時期創刊。

七〇年代也開始出現讀者自費發行漫畫評論同人誌的交流活動。現今全球最大的同人誌販售會「Comic Market」（コミックマーケット，簡稱コミケ、COMIKE）就創始於一九七五年。

據評論家村上知彥的看法，七〇年代的漫畫評論與過去的差別，在於此時期評論開始將重心放在漫畫上，不一定要和其他創作形式（例如小說）一起比較，或非得和社會脈動連結——漫畫本身就具有被單獨討論的價值——可以只進行漫畫作品間的比較分析，甚至只討論一部漫畫的文本世界。

學者宮本大人也認為七〇年代的漫畫評論者和同時期進入漫畫產業的創作者一樣，大多為熟悉戰後漫畫（包含手塚一派及劇畫）的世代，他們也普遍受當代社會思想影響，希望創造出能展現自我、與眾不同的作品。甚至在這些年輕評論者的眼中，前代的漫畫評論者「過於在乎外在社會的價值觀」也成為他們批評的對象❶。

年輕創作者和讀者將漫畫視為一種藝術表現形式，而不認為漫畫比文字等其他表現形式來得低俗。

一九七〇年代後改革風氣盛行，也有可能與漫畫相關人士的教育水準普遍提高有關。戰前以來的漫畫家學歷以國高中為多數，如手塚治虫般取得博士學位的漫畫家是相當罕見的，而一九六〇年代末以來進入漫畫產業的青年漫畫創作者，取得大學學歷或大學中退者不在少數，如川口開治畢業自明治大學、弘兼憲史是早稻田大學；其他也有因參與學生運動而遭大學退學的人，如安彥良和等等。就連助手的平均學歷也有所提升，據漫畫家森田順回憶，過去漫畫助手中幾乎沒有大學生，但到了八〇年代，大學生的漫畫助手已經不是什麼稀奇的事了。

自一九六〇年代開始風行，到一九七〇年代形成實際活動的漫畫評論，就如新浪潮（New Wave）運動般，看似與產業沒有直接關係，卻是漫畫創作革新風潮背後的動力。不僅吸引當代讀者支持更具深度的漫畫作品，也持續影響生產者們以及八〇年代的漫畫產業，朝更精緻的畫面表現及更深度的內容發展。

漫畫迷認為漫畫文本具有獨立討論價值——這種將「空想世界」視為一個真實存在世界來研究的概念，不僅是一九八〇年代後二次創作同人誌得以大為風行的前提，也是現今日本ACG文化的核心之一。

專業宅：「新浪潮」（New Wave）運動

日本漫畫的「新浪潮」運動源於一九七〇年代時，許多漫畫家及編輯嘗試打破既有的漫畫內容和表現，進行大膽嘗試。到了一九八〇年代，一些漫畫雜誌和漫畫家繼承了這種創新求變的風氣，這些創作活動被部分漫畫評論家稱為「New Wave」（ニューウェーブ、新浪潮）。被視為新浪潮的漫畫家有：大友克洋、柴門文、吾妻日出夫、高野文子、石川潤、川崎行雄、諸星大二郎等等。新浪潮漫畫雜誌則有《Pretty Pretty》（1978）、《Comic Again》（1978）、《少年少女科幻漫畫競作大全集》（1978）、《漫畫奇想天外》（1980）、《漫畫Golden Super Deluxe》（1980）、《DUO》（1981）、《Grapefruit》（1981）等等。

這些漫畫家及雜誌原先主要是追求原創性（藝術表現），像是漫畫評論家村上知彥便認為，這些新浪潮漫畫家受到一九七〇年代少女漫畫、同人誌評論及創新風氣與盛影響而追求更多新的嘗試。村上知彥同時指出新浪潮漫畫家並沒有統一的作畫風格或題材，不像過去劇畫、手塚一派漫畫家和同一派的創作者普遍具有類似的作品特徵；新浪潮漫畫家各自具有獨特強烈的風格，他們的共同精神便是「脫出既有的漫畫分類框架」。

其後新浪潮運動表面上自漫畫雜誌消失，但這段時期在創作技法上的突破，仍對日本漫畫產生了影響，如大友克洋使用的跨頁描繪手法便帶給其他漫畫家很大衝擊，至今仍可在日本漫畫上見到。此外也有不少漫畫家繼承了新浪潮精神，例如古屋兔丸、岡崎京子、望月峯太郎、吉田戰車等等，漫畫家浦澤直樹也曾表示他的創作傳承了新浪潮的理念。

這些強調藝術性與實驗性的作品，未必全都能轉換為商業利益，但他們對於當代及後代其他創作者的影響，乃至整個產業的發展，有時卻難以衡量。因此雖然這些運動看似與商業運作沒有直接關係，考慮到如今日本漫畫產業兼具廣度及深度的豐富題材，這些變化值得作為思考文化產業發展時的材料。

❶ 可以從此時期漫畫迷心中「漫畫」的定義，來看出戰後漫畫讀者與戰前讀者的差別。學者岩下朋世認為自這個時期開始，戰後漫畫讀者重新劃定了漫畫的範圍，他們視手塚漫畫和劇畫為一個整體，而將之統稱為故事漫畫或漫畫，這點與戰前漫畫家及漫畫愛好者不同。至六〇年代為止的漫畫愛好者所認定的「漫畫」範圍廣泛，包含政治諷刺漫畫、美式漫畫（如《白朗黛》、《大力水手》等）、幽默漫畫等「大人漫畫」，及戰前刊載於少年·少女雜誌上的「兒童漫畫」（如《野狗黑吉》）、劇畫、手塚漫畫），但對於戰後從小只閱讀故事漫畫的讀者而言，「漫畫」一詞就代表了故事漫畫，他們進行討論、評論時，也會下意識排除其他不像故事漫畫的漫畫，而之後八〇年代逐漸形成的「ＡＣＧ產業」、「御宅族文化」，其中指涉的漫畫也建立在這樣的定義之上，而幾乎不會將報紙、雜誌上的諷刺漫畫納入比較範圍。本書同樣延續了此觀點。

動畫、漫畫兩大支柱產業的形成

日本漫畫產業制度在一九七〇年代算是已經完備，而在跨產業合作方面，日本動畫產業也步向成熟，兩個產業的合作更加穩固。

六〇年代時日本動畫幾乎都是改編自漫畫，但七〇年代日本動畫產業開始發展原創動畫作品，又因家用錄影機及錄影帶出現並在八〇年代普及，而產生出ＯＶＡ❶這種另類的發行形式，使得動畫創作者也可製作小成本的獨立動畫，讓創作環境變得多樣化。

日本動畫產業在七〇年代的原創作品，如一九七三年時《宇宙戰艦大和號》、一九七九年《機動戰士鋼彈》都大獲好評。玩具商萬代製作出鋼彈的塑料模型後十分熱賣❷，使得玩具商和動漫畫產業合作的意願也隨之提高。

其後出版社也推出《鋼彈》的漫畫版，顯示出動漫畫產業之間的關係，不再是動畫單方面倚賴漫畫產業的文本產出。

原本以漫畫產業為主要骨幹的動漫產業，開始朝雙核心模式發展，並在一九八〇年代電玩產業興起後，發展為三核心的ＡＣＧ產業，這點將在接下來的單元進行說明。

此外，七〇年代已有少部分日本動畫開始在海外播出，例如法國及義大利電視台在一九七八年時開始播映日本電視動畫《金剛戰神》，這也為之後的日本動漫畫產業往海外發展奠下了基礎。

整體而言，七〇年代於日本漫畫產業的發展中是一段承先啟後的時期，包含人才培育制度的產業機制發展完全、讀者文化萌芽、商品內容的深度與廣度增加、跨產業合作邁入穩定期、初步進入海外市場。現代日本漫畫產業的產業結構，到此算是發展完成。這些變化帶來的影響有些要到一九九〇年代才逐漸變得明顯。但在接下來的一九八〇年代，邁入穩定期的漫畫產業所產生的高利潤，使得大量出版社開始對漫畫市場躍躍欲試。

❶ OVA是原創動畫錄影帶（Original Video Animation）的縮寫，指未在電視、電影院播放而直接用錄影帶形式發售的動畫作品。現今載體多已改成DVD、藍光DVD，但OVA一詞並未改變。

❷ 至今鋼彈系列作仍擁有眾多支持者，二〇〇一年度萬代所發行的鋼彈相關產品營業額就高達三九三億日圓，佔該公司總營業額的17％。

雨後春筍般的漫畫雜誌創刊潮

在一九七〇年到一九八九年的二十年間，日本社會逐漸變為高度消費社會，大量日本產品出口使得外匯增加，而廣場協議則使日圓升值。

在個人消費能力提高的同時，電子科技發展使得各種新興娛樂出現，如卡拉OK、電動玩具❶等等。根據電通總研公司的調查，這二十年間日本人對情報產業的支出，雖然同樣維持在總消費支出的5%上下，但實際消費金額卻大幅增加；一九七〇年時人均情報娛樂消費大約在五萬兩千日圓左右，一九九〇年時則竄升至十九萬六千日圓❷。

不斷分眾化的漫畫雜誌

漫畫產業在這二十年間也因應良好景氣不斷成長，並出現大量新創刊的漫畫雜誌。雖然因為競爭激烈，休廢刊的漫畫誌數量也多，但整體上漫畫誌的數量、發行量，以及產值都在不斷成長。

漫畫單行本的銷量也穩定增加，據日本出版科學研究所《2015年2月號出版月報》統計，一九七〇年代初時漫畫雜誌種類數約在五十種上下，到了一九九〇年則接近兩百種。

在漫畫雜誌種類中，也有成長相對快速的漫畫雜誌類型，但大多是過去沒有的雜誌種類，例如女性漫畫誌（レディースコミック誌，以成人女性為讀者）在一九八〇年時只有兩種，到了一九九〇年已有四十三種了。

一九八〇年代的漫畫產業面臨內外部競爭激烈的娛樂環境。許多原本不經營漫畫的出版社以及新成立的出版社開始加入漫畫市場，有些創辦一般的少年漫畫誌、少女漫畫誌❸，也有些出版社從原本經營的領域出發，創辦特殊題材的漫畫誌，例如竹書房、guideworks 等出版社。

商品大量增加的漫畫雜誌市場，使得出版社必須想辦法打造出雜誌特色以吸引讀者目光。但是這些刊載漫畫的雜誌在七〇年代已多半轉型為漫畫專門誌，很難再像五、六〇年代的綜合雜誌可以靠報導或其他類型的創作創造特色，只好在漫畫上塑造商品差異性。於是，為了在漫畫市場脫穎而出，漫畫雜誌的類型不斷分眾化，市場區隔（Market Segmentation）愈趨細緻。

文化產業學者萊恩（Bill Ryan）指出，文化商品的多樣性很多時候僅是依文化產製組織的行銷策略而生。由於文化商品需保有原創性，但生產者又希望新產品可以依循暢銷商品的模式以降低市場風險，因此生產者經常推出與既有商品類似的新商品，再透過行銷營造出與既有商品的些微差異性，而市場區隔便在這種情況下越趨細緻。

實際上八〇年代究竟出現了多少種新的漫畫雜誌呢？其實有些雜誌類型僅是將既有的漫畫雜誌市場再度細分罷了，像是過去少年雜誌可能只粗略分為兒童、少年、青年雜誌，之後則開始出現以介於青年及少年之間的年輕人為目標客群的「Young漫畫誌」（ヤング漫畫誌，大約是以十八至三十歲左右的年輕人為目標族群），女性漫畫雜誌也同樣出現了女性Young漫畫誌，但這些雜誌很難說真與過去的雜誌有什麼明確顯著的差異。

結合不同文化產業與發展策略

在漫畫雜誌的題材方面，卻並非都是行銷策略考量，有許多過去罕見的特殊題材漫畫誌在此時期紛紛創刊，像是麻將漫畫誌、高爾夫漫畫誌、柏青哥漫畫誌、恐怖漫畫誌等等❹。而八〇年代末因為電玩產業發展迅速，也出現了與電腦、電玩、動畫等文化產業結合的漫畫雜誌，例如《月刊Comic COMP》（1988）。這類雜誌的特色是自創刊開始便積極將漫畫與電玩、動畫等內容連結，像是將電玩作品改編成漫畫。

雖然漫畫專門誌都是刊載多頁數的故事漫畫，不過一九七〇年代末至一九八〇年代初，由於使用故事漫畫表現技法的四格漫畫大為流行，例如：石井壽一的《加油田淵君》（1979）、植田正志的《振聽君》（1980）、《勒索君》（1980）等等，使得採用故事漫畫技法的四格漫畫專門誌❺也陸續創刊。

究竟為什麼要創辦這麼多不同的漫畫雜誌？

許多文化產業學者如赫希（Paul Hirsch）、萊恩（Dave Laing）及尼格斯（Keith Negus）等均曾指出，文化產業組織經常會透過「過量生產」來提高暢銷作（blockbusters）出現的機率，並使失敗作的虧損得以平衡；這種大量發行商品的方法稱為「散彈原理」（Bulk Theory）。

在這些先行研究中並沒有特別討論「散彈原理」適合的產業條件，但推測這種策略的實行條件，應該是以穩定的產製體制及市場支持為前提。畢竟如果創作者沒辦法維持穩定產出，產製組織則無法大量推出新商品；市場規模如果太小，產製組織推出大量商品後，則可能面臨沒人買而慘賠的下場。如同日本漫畫產業，其漫畫雜誌大量創刊潮，不是在戰後或產製制度形成初期就出現，而是從產製系統及市場成熟後的八〇年代開始，才有大量新投資者加入。

除了漫畫雜誌以外的漫畫發展

雖然許多出版社都注意到漫畫帶來的利潤，卻不是所有出版社都想創辦漫畫雜誌，因此一般出版社也想出了其他辦法。首先就是一般雜誌刊登故事漫畫的情形愈發普遍——一九六〇年代因為劇畫盛行，之後日本社會對成人閱讀漫畫的觀感變得寬容許多，不僅青年、女性漫畫誌創刊，一般雜誌也逐漸刊登故事漫畫❻，如一九七五年本宮博志在《週刊 PLAY BOY》上連載《我的天空》，讓《週刊 PLAY BOY》發行量急速成長到一百二十萬冊，而在《我的天空》結束連載後，《週刊 PLAY BOY》的銷量便下滑了。到了一九八〇年代，連老牌雜誌《文藝春秋》都首度刊載了手塚治虫的漫畫《三個阿道夫》（1983），這顯示在日本社會中，漫畫逐漸成為一種普通的表現形式，社會大眾不再認為漫畫是不良讀物或只是兒童讀物。

隨著故事漫畫讀者在八〇年代逐漸成為社會的中堅份子，不只是一般雜誌開始接受故事漫畫，一九八六年第一本以大人為對象的專門知識學習漫畫發行——石森章太郎的《日本經濟入門》第一集到第三集，最終累計一百五十萬部的銷量，成為熱門暢銷書——出版該書的日本經濟新聞社為了吸引不想踏入書店漫畫區的成人讀者，刻意將此書分類在一般圖書，置於經濟專門書的書架上，而此策略成功奏效，拓展出新的漫畫讀者市場。

在《日本經濟入門》問世之前，一般出版業界未曾想過用漫畫解說專門知識能被成年讀者接受，而此書跌破業界人士眼鏡的大暢銷，讓許多一般圖書出版社紛紛開始出版給成年人的學習漫畫，像是《漫畫說民法》、《漫畫茶入門》、《易解股票入門》等等。甚至也有公司開始使用漫畫記述公司歷史，好讓人更有興趣閱讀，例如建設公司大本組就請漫畫家本宮博志繪製社史。

起用漫畫家繪製專門性書籍，顯示日本社會對於漫畫的看法確實有所轉變。這些書雖然在銷量統計上不會被歸類為漫畫，但卻拓展了漫畫產業的可能性。

專業宅：不斷繁衍的系列雜誌

漫畫雜誌大量創刊後，單一雜誌不僅比較難爭取消費者關注，甚至要留下印象都不容易，因此新雜誌的品牌建立便顯得相當重要，而系列雜誌就是一個辦法。

學者萊恩（Bill Ryan）曾經提及，文化產業經常利用系列作承襲過去成功商品的名氣，一旦成功商品建立起名聲，後續發行商品就能節省許多行銷成本，對於穩定經營有相當大的助益。雜誌以同一刊名持續且頻繁地發行，在累積口碑與固定讀者群方面相當有利，又由於有明確的目標族群，也讓雜誌對於形成流行具有優勢。當雜誌的品牌形象建立後，還能透過系列雜誌分享其品牌效應。類似的手法在七〇年代的漫畫雜誌衍生誌就曾經採用過（當時流行的是「別冊」），不過規模上沒有八〇年代來得多。

以青年誌《Big Comic》為例，該誌一九八〇年代就創了三部衍生誌《Big Comic Spirits》（1980）、《Big Comic for Lady》（1981）、《Big Comic Superior》（1987）。少年畫報社的編輯桑村誠二郎，對於這種衍生誌策略是如此分析的：「雜誌的品牌建立與發行頻率有很大的關聯性，半月刊比月刊容易建立品牌，而週刊又比半月刊更容易建立起品牌。若要維持月刊形式不變的情況下，能利用衍生誌的話至少頻率上能達到類似週刊加強印象的效果。」但他同時也指出只有大型出版社才有資本執行這種策略。當他在少年畫報社提出類似方案時，就遭廣告與業務部門反彈，認為以該社的資金狀況難以實行。至今日本的知名漫畫雜誌也仍然會運用這種手法，像是《週刊少年JUMP》的衍生漫畫雜誌，前後大約就有十種。

又為了不造成衍生誌和系列作間的惡性競爭，雖然共享同一個品牌形象，實際上還是必須有市場定位差異。然而，這些市場定位有些只是行銷策略營造出的差異，實際上的定義是很曖昧的。以《Big Comic》的衍生誌為例，其市場區隔的差異細緻到目標客群只相差一兩歲的程度，即便編輯真有辦法將客群區分得如此細微，也還存在著其他問題。一九八〇年代時漫畫雜誌市場夠大，這樣精細的市場定位自然沒有什麼問題，而一旦市場開始縮小，性質接近的雜誌過多就很有可能讓部分雜誌無法生存——至少在一九八〇年代景氣正佳時，漫畫雜誌採用這樣的手法看來是可行的。

❶ 一九七〇年代時電玩仍以體積巨大、擺放在娛樂場所的「街機」（大型電玩機台）為主，如一九七八年發行的《太空侵略者》（台灣多稱這類射擊遊戲為小蜜蜂）。但進入一九八〇年代後，也開始出現家庭型、個人型的電子遊戲機。

❷ 該調查所指的「情報產業」包含軟硬體及相關服務，硬體如相機、電視、個人電腦、攜帶型影音播放器、錄影機等；軟體除了上述硬體所能播放的各種影音軟體外，還有書刊報紙、電玩軟體、文藝活動或娛樂設施的門票或入場費；服務則包含電話及網路費用等。

❸ 創刊少女、女性漫畫誌的出版社便有：宙出版、青磁 BiBLOS、Aoba 出版、新書館、Minori 書房，新加入少年、男性漫畫誌市場的出版社則有：學研 Holdings（現名：學習研究社）、德間書店、JICC 出版局（現名：寶島社）、日本出版社、一水社、ENIX（現名：SQUARE ENIX）、新声社、辰巳出版、角川書店等。

❹ 包括：麻將漫畫誌《近代麻將》（1979，竹書房）、《近代麻將 Gold》（1987，竹書房）、高爾夫漫畫誌《GOLF Comic》（1984，秋田書店）、《Golf Lesson Comic》（1990，日本書芸社）、柏青哥漫畫誌《漫畫柏青哥》（1989，guideworks）、《漫畫柏青哥 777》（1990，竹書房）、《Super Pachislo777》（1992，竹書房）、《Pachislo 7》（1993，綜合圖書）、恐怖漫畫誌《Halloween》（1986，朝日 Sonorama）、《真實存在的恐怖故事》（1987，朝日 Sonorama）、《Suspiria》（1987，秋田書店）、《Horror Party》（1988，大陸書房）等。

❺ 如《月刊 Gag》（1981，竹書房）、《Manga Time Original》（1982，芳文社）。本書之所以強調是採用故事漫畫技法的四格漫畫，是為了與戰前就已存在的四格「大人漫畫」作區隔。

❻ 當時一般雜誌仍多以「劇畫」稱呼其刊登的漫畫，但事實上起用的漫畫家並非全都是「劇畫家」，如松本零士其實應該是屬於手塚治虫一派的漫畫家。一般雜誌之所以稱松本零士的作品為劇畫，或許是由於一般雜誌不了解漫畫及劇畫這兩種不同稱呼的差別，也或許是劇畫及手塚漫畫之間的區別已逐漸模糊，由於有這種混亂的現象，本書採用概括劇畫、手塚漫畫的「故事漫畫」稱呼。

食色性也：情色與漫畫

一九八〇年代漫畫市場競爭激烈，為了刺激讀者購買，「情色」是經常被採用的策略。故事漫畫最初是給少年、少女、兒童的讀物，當然不可能在作品中出現太多情色內容。直到一九六八年時永井豪的漫畫《不知羞恥學園》開始在《JUMP》上連載，漫畫中描繪男孩掀女孩裙子的場面，因而在男童間引發一股掀女孩裙子的流行，並引發家長與學校的不滿。此後以《不知羞恥學園》為開端，一般漫畫誌對於情色描寫的尺度逐漸打開。

一九七〇年代時許多少年少女雜誌開始加入帶情色的內容來增加漫畫人氣，像漫畫家弓月光便曾提到自己在少年雜誌連載時，編輯部直接給予指示，希望他加入「有露出胸部或內褲的鏡頭」以提高少年讀者的興趣。《緞帶》等少女雜誌也開始出現一些性暗示的情色描寫。

女性、青年漫畫誌因為以成人讀者為對象，作法上更為直接，甚至有些如《Comic magazine》、《週刊漫画 Action》、《Play Comic》、《Color Comic》等青年漫畫誌，還流行附贈裸女寫真。一九八二年的青年漫畫誌《Good Comic》（少年畫報社）不僅附贈裸體寫真照，也刊載許多如《恥丘制服》、《ElectCool》這類性描寫的漫畫。就連原本標榜清新青年漫畫誌的《Young Comic》，自從附送裸女海報使銷量大增後，裸女海報便成為雜誌長期附錄。

女性漫畫誌上的情色內容則以少女漫畫無法描繪的尺度為出發點，「給女性的色情漫畫」成為女性漫畫市場的熱賣類別。女性 Young 漫畫誌也因過激的性愛資訊受到矚目。

色情漫畫大活躍的十年

除了一般漫畫誌外，色情漫畫誌在一九八〇年代更是大為活躍。

一九七〇年代興起「色情劇畫誌」率先將戰後故事漫畫技法用來描繪性主題，因色情劇畫誌透過自動販賣機販賣，不需面對店員，在隱私性上具有優勢而一直保有相當好的銷售成績，也因此不斷有新的色情劇畫誌創刊。八〇年代色情劇畫誌數量甚至膨脹到了一百種上下——但八〇年代也出現了其他與色情劇畫誌競爭的新色情漫畫：蘿莉控漫畫和美少女色情漫畫。這兩種色情漫畫畫風與色情劇畫截然不同，也吸引了不少男性讀者，導致色情劇畫誌衰退。其中美少女漫畫由於畫風可愛，年齡較低的青少年容易誤買，後來便成為一九九〇年代被社會大眾譴責的主要標的。

日本漫畫產業這一波大量加入情色內容的現象，雖然也可能跟性解放等社會思潮演變有關，不過很可能只是單純因為在激烈競爭的娛樂市場中，訴諸感官刺激是一項簡單有效的行銷策略吧！

不只漫畫產業，一九八〇年代日本的雜誌出版以及電玩等許多娛樂產業也都相當盛行以性為主題的內容，或在原本並非以性為訴求的文化商品中加入情色描寫。

社會對色情漫畫的反彈

這種風潮自然也帶來社會輿論的反彈，首當其衝的便是以青少年為對象的一般漫畫誌及美少女漫畫的色情漫畫誌。

一般漫畫誌通常由正規出版社發行，並以青少年讀者為對象，這讓青少年容易接觸及購買這些「帶有情色內容的」漫畫，因此一般漫畫誌的情色內容爭議，自《不知羞恥學園》以後就未曾停過。在八〇年代後又因一般漫畫誌情色描寫越來越多，加上美少女色情漫畫誌蓬勃發展，爭議更為激烈。

一九八四年日本眾議院預算委員會對少女雜誌過激的性報導發出質疑，此外也有認為自動販賣機販賣書刊應該受到限制的呼聲出現；這些呼聲在發生宮崎勤事件❶後，更加浮上檯面被社會大眾關注，導致一九九〇年代出現戰後以來第二波具規模的「有害漫畫」反對運動，以及諸多後續影響。

漫畫市場面臨激烈競爭，反映在行銷策略上的不只是細緻的市場區隔或煽動原始本能的感官訴求而已，自一九六〇年代以來就經歷許多嘗試的跨產業合作，在一九八〇年代也因為新興的電玩產業，而有了新的發展。

專業宅：有害漫畫運動

有害漫畫運動始自一九九〇年九月，福岡縣因講談社、小學館、集英社等出版的十六部漫畫有性描寫而列為有害漫畫。同月，和歌山縣主婦組成「守護小孩遠離漫畫會」（コミック本から子供を守る会），要求制訂漫畫相關規定並進行連署活動。此後大阪、福岡、德島等許多縣也出現許多家長反對漫畫的連署活動，如一九九〇年東京都生活文化局抽查三百三十二本以兒童為市場的月刊、週刊漫畫誌，認為雜誌所刊載的一千二百二十一部漫畫中有六百零八部有性相關描寫。

有趣的是一九九〇年九月四日朝日新聞的社論，指責當下漫畫內容太過貧乏，缺乏如手塚治虫般具理想性的漫畫家——曾在五〇年代時被視為「惡書」的手塚治虫漫畫，如今竟成為理想漫畫的範本——這樣的言論出現，或許顯示出戰後數十年間故事漫畫及社會觀念的改變。

有害漫畫運動興起後，因應家長與宗教團體呼聲，日本政府總務廳的青少年對策本部，對出版倫理協議會提出要求出版業徹底自肅的請求。出版倫理協議會（由日本雜誌協會、日本書籍出版協會、日本出版取次協會、日本書店商業組合連合會等組成的日本出版業界團體）也請旗下會員重視此問題。

一九九一年日本警視廳以「販賣猥褻圖畫」（同人誌）嫌疑逮捕東京都內的三間書店店長。其後書店開始設置成人漫畫區，並回收遭許多縣市指定有害的漫畫，再刷時標上成年標誌，或是修正不健全的部分等等。

此運動主要對出版許多性相關漫畫的中小型出版社有影響。不過造成色情漫畫出版業規模縮小的主因，是與有害漫畫運動有關，或者與九〇年代的網路興起有關，仍難有定論。

❶ 宮崎勤事件發生於一九八八至八九年，名為宮崎勤的男性綁架並殺害四名女童而受到社會大眾矚目，此事件由於媒體以「御宅族」形象報導犯人宮崎勤，並指稱其持有許多色情、內容殘酷暴力的錄影帶，使得社會大眾對於動漫畫愛好者及「御宅族」一詞產生十分負面的觀感。漫畫評論家大塚英志後來指出宮崎勤所收藏的錄影帶中，內容殘虐的比例不高，也有其他媒體記者報導宮崎勤購買的大部分漫畫和雜誌其實相當普通，但社會大眾對於『御宅族」產生的負面印象仍舊沒有消失，各種文化商品中的情色描寫也開始成為大眾矚目焦點。

ＡＣＧ產業與Media-mix行銷

一九八〇年代的漫畫產業發展蓬勃，同時期的其他娛樂產業也因應景氣而大幅成長。以電玩產業為例，一九七五年日本epoch社發售第一台家用型電視遊樂器TV Tennis後，一九八〇年任天堂發表攜帶型遊戲機Game & Watch，刺激其他廠商投入遊戲機製作。家用電視遊樂器開始形成風潮，則是自一九八三年任天堂發售家用遊戲機Family Computer（譯：ＦＣ遊戲機、台灣慣稱為紅白機），此後不僅出現專門解說遊戲的遊戲攻略本，例如著名電玩雜誌《Fami通》（又常稱法米通、電玩通）創刊於一九八六年，而ＦＣ遊戲機在一九八七年時，光日本國內出貨就累積了超過千萬台，其風行程度幾乎可被稱為社會現象。

各種電玩遊戲加上一九七〇年代逐漸茁壯的動畫產業，年輕消費者的選擇變得十分多樣化。至今為止日本的次文化場域已逐漸以動漫產業為中心，娛樂消費者進一步轉型成以Ａ（動畫）、Ｃ（漫畫）、Ｇ（遊戲）三種產業為主，加上週邊產品的消費模式。且因為ＡＣＧ產業的範圍越來越大，消費者也開始有了各自優先關注的領域；漫畫已不再是所有消費者的首選。

不同媒體相互影響

在一九五〇年代電視剛出現時，漫畫產業也曾經歷媒體環境改變帶來的衝擊，為了拉回消費者注意力，漫畫編輯與電視合作，借用了電視這種新興主流媒體的影響力。而一九八〇年代漫畫產業面對比過去更加豐富的娛樂市場，「媒體混合」（Media-mix）便是部分漫畫編輯所找到的新出路。

Media-mix 行銷策略始於一九六〇年代中期的日本廣告界，原是一種同時在不同媒體（如報紙、雜誌、電視）上展開宣傳的行銷手法，後來也被用來指稱文化商品策略性衍生至其他媒介的現象。

日本出版業積極採用 Media-mix 策略，一般認知由一九七〇年代後半角川書店開始——當時還未出現 Media-mix 一詞，因此多稱為「角色衍生」（キャラクター展開）、「multimedia 衍生」（マルチメディア展開）。角川書店於一九七六年出資翻拍橫溝正史小說《犬神家一族》，並同時發行小說文庫版、漫畫版、有聲書、電視節目特集、遊戲等等，這樣同時在眾多媒體上發行和宣傳，使該作曝光率大增並成為話題。

漫畫產業中不正統的行銷企劃

日本漫畫產業自一九五〇年代就有利用電視動畫替漫畫宣傳的例子，一九六〇年代因為動畫產業興起，這種模式逐漸穩定下來。不過直到一九八〇年代為止，漫畫產業除了《卡姆依外傳》這類少數例子外，大部分都是先在雜誌上連載漫畫，接著才因為高人氣而改編成動畫。這種做法與Media-mix策略最大的不同在於Media-mix通常是商品還在企畫階段，就已預設要發行在不同媒介上，利用媒介相互宣傳，甚至為方便改編至其他媒介而調整作品內容。但直到八〇年代，漫畫產業仍是以雜誌出版的傳統促銷策略為主流，Media-mix行銷策略在漫畫產業並不盛行。

曾擔任漫畫編輯的評論家大塚英志，回憶他一九八七年在雜誌《勝法米通》工作的情形，他曾提出「魍魎戰記MADARA」作品提案，並規劃同時發行漫畫、小說、電腦遊戲、TRPG、OVA動畫、廣播劇等多版本的作品——這麼規劃的原因並不是因為這部作品已受到市場肯定（當時還沒發行），而是因為：「面臨寡占的少年漫畫市場，我認為不借助其他媒體的力量，沒辦法在漫畫市場上脫穎而出。（於是採用了Media-mix策略）即便這種作法在漫畫業界並不正統。」

他的話足以顯示Media-mix策略在當時並不是日本漫畫產業普遍的共識，當時出版社並未積極採用此種策略，或許是因為一九八〇年代漫畫產業仍處於蒸蒸日上、靠人氣漫畫就能刺激雜誌銷量的時代，因而漫畫出版社普遍認為編輯專心產製漫畫就好。而由大塚英志的說法，也證實對當時主流出版社的漫畫雜誌編輯而言，專注於漫畫產製及雜誌經營便是最實用的經營策略；授權漫畫改編至其他媒介只是附加價值，而不是一種用來行銷漫畫的手段。

相對的，一些媒體影響力比較不足、無法提升其作品曝光度的雜誌，可能就比較積極尋求用其他方式來增加漫畫的傳播管道。許多當時改編其他媒介之人氣作品的漫畫，都是由小書店發行的，如《銀河英雄傳說》（德間書店）、《勇者鬥惡龍 達伊的大冒險》（ENIX社）。

不過，隨著一九九〇年代漫畫雜誌市場開始衰退，這股以雜誌為重而輕其他媒體的觀點也將逐漸開始轉變。

從「ACG」到「內容產業」

——一九九〇年代至現在的多角化文化產業

出版崩壞？究竟發生了什麼事？

回顧本書前半的討論，我們可以發現故事漫畫在戰後日本出版市場成長茁壯，無論是傳播過程或在消費市場的定位，都與平面媒體「雜誌」脫離不了關係。雜誌的媒體特性與功能，對於漫畫的市場區隔、建立消費習慣、進行市調、拉拔新人、宣傳作品都有很大助益，而這些與雜誌（原本是綜合雜誌，現在多是漫畫專門誌）具有足夠銷量及媒體影響力有關。

學者波茨（Jason Potts）指出，文化產業的媒體及內容是一種相互依存的關係，好的文本會創造出媒體價值，而媒體也傳播這些文化商品。

過去的日本漫畫產業就依循這樣的成長模式。故事漫畫（內容）與雜誌（媒體）相互助長，最後形成生命力旺盛的文化產業。然而，一九九〇年代漫畫雜誌銷量雖然一度攀上頂峰，隨後卻開始不斷衰退，連帶使得漫畫雜誌的媒體影響力下降。

因為雜誌與文本之間具有緊密關聯性，不禁也讓人產生疑問：日本漫畫是否出了問題，使得漫畫文本不再吸引讀者了？如果不是內容發生問題，又會是什麼原因影響漫畫雜誌銷量？漫畫雜誌影響力不再，這又將使日本漫畫產業產生怎樣的轉變？

在紙本出版品中漫畫產業沒多沒少

從一九九〇年至今二十多年，全球資訊環境已與過去大不相同，紙本出版市場也大受影響。日本的社會經濟環境改變，娛樂消費市場也與過去不同。在這些外在因素影響下，日本漫畫產業必須尋求轉型以迎合不斷改變的大環境——漫畫產業自戰後以來建立的產製方式勢必將受衝擊和影響，並使日本漫畫產業發生轉型，但由於現狀仍在不斷變化，後續效應也還無法妄下定論，在此僅以現狀觀察分析的方式，對日本漫畫產業的可能性提出一些看法。

ACG產業緊密互動的運作模式到了一九九〇年代，已經很難只侷限在出版單一面向，因此漫畫出版業內部變化以及對外的跨產業合作都是值得討論的。

從九〇年代中期開始，漫畫雜誌和單行本的銷量下滑，為了確定這個現象是出版業整體結構的原因，或是漫畫市場被其他出版品侵吞，讓我們先以漫畫產業仍持續成長的一九九〇年為基準，將漫畫與其他紙本出版品進行比較。

一九九〇年時，漫畫雜誌和單行本的合計發行量約佔日本出版市場的百分之三十七點五、營業額則佔百分之二十二點九。之後歷經九〇年代中出版市場的衰退，到了二〇〇〇年，漫畫總發行量仍佔百分之三十七、營業額佔百分之二十一點八（尚未計入二十一世紀急速成長的數位漫畫市場）。由此可見就紙本出版品市場而言，漫畫並沒有被其他出版品取代的跡象，在紙本出版品中仍維持穩定的市佔率。那麼，也許可以推測，漫畫雜誌和單行本的銷量下滑，可能跟整個紙本出版市場都在九〇年代中開始萎縮的全面性衰退有關，亦即原因不太可能是單一出版品種類出問題，而是紙本出版業面臨了某些結構性的影響。

紙本出版市場萎縮的外在因素

這些結構性影響可能來自哪些外在因素呢？首先從社會背景談起，一九九〇年代日本漫畫產業面臨許多社會經濟環境變化，一是人口結構改變，少子化使得青少年人口下降，在一九九八年時日本老年人口正式超越兒童人口，進入了少子高齡化社會。而過去日本出版業的蓬勃發展，被認為與戰後讀者群增加及讀者素質的提升有關，一九六〇至七〇年代日本大學教育普及，出版品不論種類、冊數、營業額，都稱得上亞洲（甚至世界）的出版大國；閱讀族群母群體增大，出版產業一片欣欣向榮。而現今人口逐漸減少、青少年族群比例降低，對於相當倚重年輕消費族群的漫畫產業而言，目標市場也隨之縮小。

其次是經濟條件的改變。一九八〇年代末日本經濟泡沫化，陷入長期不景氣中。一九九七年時日本GDP甚至出現戰後首次負成長，消費者在愈來愈少的預算中必須作出抉擇，捨棄較次要的娛樂花費。

還有娛樂環境競爭的影響。一九八〇年代日本娛樂消費市場變得十分豐富，像是卡拉OK專門店（カラオケボックス，台灣的KTV）在一九八〇年代普及成為一般學生也消費得起的娛樂場所。個人電子娛樂產品也有多樣化發展，如隨身聽、掌上型電子遊戲機、個人電腦等等，當日本社會景氣正好時，這些娛樂產業對出版業的負面影響並不顯著，但當消費者的預算開始減少時，多樣化的娛樂環境很可能就會分散消費者手中的預算。

此外，新興科技與媒體環境改變，也影響了出版市場。數位科技與網路改變了人們接收資訊的形式，不僅影響出版品消費習慣，也造成盜版興盛等問題。一九九〇年代中後期，手機在日本逐漸普及，而一九九〇年代末的個人電腦出貨台數首度超過電視，這些都讓資訊環境產生變化。

影響出版社銷量的漫畫喫茶與新古書店

根據《資訊媒體白書 2011》（情報メディア白書 2011）統計，一九七〇年代後至二〇〇九年間，日本民眾在娛樂上的花費持續增加，情報消費佔整體消費比例也有上升；八〇年代初日本消費者的情報娛樂消費佔全體比例還不到百分之五，到二〇〇九年時已接近百分之九。但出版品在娛樂支出上所佔的比例反而漸漸減少，一九七〇年代中還有約百分之七十六，到了一九九〇年剩約百分之六十四，到了二〇〇九年只剩百分之五十二左右。而日本消費者在紙本印刷品上花費的實際金額在一九九七年時平均還有四萬八千七百四十四元，到二〇〇九年已降到了三萬八千六百九十九元。換言之，相較一九八〇年代，人們其實更願意花錢在娛樂上，但卻分散到其他種類的娛樂，使得出版市場萎縮。

為什麼消費者會減少出版品花費？這或許與日本出版品消費者的習慣改變有關。

一九九〇年代日本興起兩種出版相關的新興行業，其一是漫畫喫茶，其二則是被稱為「新古書店」的大型連鎖二手書店。

漫畫喫茶❶是以消費者在店內停留的時間來計價，在這時間內可自由閱讀店內所有漫畫。後來漫畫喫茶也開始提供上網服務而成為複合型娛樂空間，並在一九九〇年代末大為興盛。據二〇〇四年日本複合式咖啡廳協會（日本複合カフェ協会）調查，這類店家全國約有二千五百間，市場規模一千五百億日圓，而實際上對出版業造成的影響則難以預估。

新古書店便是二手書店，之所以被視為新興業種，主要是因改善過去消費者對二手書店的負面印象，使得這類二手書店成長速度驚人，甚至威脅一般書店的生存。其中最具代表性的是一九九一年設立的連鎖型書店「BOOK-OFF」（ブックオフ），BOOK-OFF店面明亮寬敞，也不排斥顧客在店頭閱讀，販售的二手書經過打磨處理，大幅減少了二手屋的陳舊感，也減少舊書的陳舊味道，而且這些書況良好的二手書價格比新書便宜許多，吸引不少購書者。

在管理方面新古書店也有優勢。一般二手書店的進貨及訂價流程較為繁瑣且難以統一標準，而BOOK-OFF以書況作為進貨及訂價依據，這樣的管理標準明確，即使沒有經驗的工讀生也能輕鬆處理，讓商品能迅速上架，新店加盟也十分容易。BOOK-OFF不僅針對過去二手書店經營弱點做出改善，此外也受惠於日本出版市場的特殊環境，讓它競爭上更有優勢。日本出版產業由於圖書定價制❷，使新書書店必須統一定價，不得進行促銷降價，但二手書卻不在此限。賣不出去的二手書可以隨意降價求售，如BOOK-OFF就會將數個月未售出的書降到極低價格，如一本一百日圓（約新台幣三十一元，就日本物價水準而言相當便宜）等等。商品具有新書書況及二手書的價格，使BOOK-OFF獲得「新古書店」一稱，大受消費者歡迎——但新古書店對出版業也造成很大影響，因為無論二手書店生意再好，出版社也不會獲得利潤，反而有些讀者透過新古書店和漫畫喫茶，可購入便宜又書況良好的二手漫畫，甚至也可直接在漫畫喫茶裡把書讀完。此外，近年來還有可在各個網路平台免費閱讀的漫畫，使消費者有更多管道消費價格低廉的漫畫，降低了購書需求。

許多漫畫編輯認為新古書店及漫畫喫茶，是當今日本讀者減少購買新書的原因。為了因應下滑的銷量，日本漫畫產業的產製端也開始採取較保守的發行策略——有漫畫編輯提到在一九九〇年代初時：「即使不那麼當紅的漫畫，單行本初版兩萬本也是很普遍的，而現在即使是出版社抱有很大期待的潛力作，初版大概只會先印八千或一萬本。」

初版印刷量下降也代表漫畫家得到的版稅隨之減少，因此二〇〇一年時有許多漫畫家出面批評新古書店的商業手法。出版社也有要改變圖書定價制或是利用其他方式從漫畫喫茶及新古書店回收利潤的聲音❸。講談社、集英社、小學館等出版社在二〇一〇年時也聯合大日本印刷購買BOOK-OFF的股票，加起來的份額約佔百分之二十八點九；可推測這三社及印刷業或許因為無法直接從BOOK-OFF獲得利益，只好以股東的身分分享其收益。不過其他小型出版社未必能採用相同的投資模式，而至今日本出版業也尚未和這些新興產業協調出完整的互利商業型態。

❶ 漫畫喫茶不同於戰前至一九六〇年代盛行的貸本屋，出租漫畫時並非以冊為單位，而是以時間為單位。雖然近年來日本也再度開始出現類似貸本屋形式出租漫畫的店，通常被稱為「出租型漫畫」（レンタルマンガ）如大型連鎖影音光碟出租店TSUTAYA有部分分店推出了漫畫出租服務，甚至可宅配漫畫到府。但與戰後貸本屋不同的是，戰後貸本屋擁有自成一格的出版及物流系統，而出租型漫畫的貨源則是一般出版社所出版的漫畫。由於出租型漫畫這種商業模式出現時機較晚，在此未將其列入具影響力的新興業種。

❷ 日本圖書定價制（日文為再販売価格維持制度，簡稱再販制度）形成於一九五〇年代，為了避免出版業惡性價格競爭，日本的書籍及雜誌皆由出版社定價，不允許零售店自行降價，出版社亦不得聯合其他出版社進行價格壟斷，一九五三年獨占禁止法修正後，基於出版品屬於文化商品，全體國民應有文化享受的公平性、不應受市場機制控制等原因，圖書價格保障日本全國一致，雜誌出版則有部分例外，可利用長期訂閱優惠增加販售時的價格彈性。此制度在二十世紀後半曾有過爭論，但至今仍維持此制度。

❸ 例如有些出版社將完全賣不出去的庫存以低價出清給新古書店，也有不少編輯主張新古書店及漫畫出租店應支付漫畫單行本二三次利用的著作權費。

當漫畫雜誌開始失去功能

一九九〇年代日本整體出版業都遭遇衝擊，而不同出版品受到的影響也大不相同。以出版產業內部進行比較，雜誌衰退幅度普遍大於單行本，據《資訊媒體白書》調查，日本消費者一九九七年到二〇〇九年對圖書類的平均消費金額約減少三成、報紙大約減少一成，而雜誌卻是大約減少一半。雖然日本雜誌市場還是有一兆一千兩百億日圓上下的規模，但比起九〇年代確實少得多。

漫畫產業的情形也與此類似，不同類型漫畫雜誌受到的衝擊也不一。漫畫週刊銷量滑落的情形比月刊嚴重許多，月刊又比漫畫單行本來得嚴重。過去數十年間，漫畫雜誌銷售額一直比單行本高，但由於雜誌衰退幅度較單行本大，在二〇〇六年後，漫畫和單行本銷售額首度對調，就此成為常態。漫畫雜誌不僅營業額下滑，許多雜誌還入不敷出，必須靠單行本收益來填補漫畫雜誌的赤字——單行本取代雜誌，成為漫畫產業的主要收益來源。

用單行本養漫畫雜誌的時代來臨

漫畫雜誌衰退的原因，目前其實尚無定論，但很有可能的一項原因是雜誌及單行本的功能重覆。

一九七〇年代綜合雜誌開始轉型為漫畫專門誌，又因雜誌連載漫畫後再以單行本形式發行逐漸變成常態，使得單行本和雜誌的差異逐漸縮小，甚至單行本的紙質和印刷較為精良，其收藏性及閱讀體驗比漫畫雜誌來得好——這些都使得漫畫專門誌及單行本彼此取代性很高。

當然漫畫雜誌還是有其出刊速度快讓消費者可以提早享受的優勢，此外也可刊登一些具時效性的資訊，例如編輯部舉辦的讀者活動等等。但一九九〇年代中後期網路開始普及，雜誌在傳遞資訊方面的功能一定程度上也被取代了。

雜誌雖然還有可一次閱讀多部作品的優勢，但消費者或許只對部分作品有興趣，而新興的新古書店、漫畫喫茶又使得漫畫單行本取得成本降低，消費者可以先看過內容後，選擇性購買喜歡作品的單行本。

實際上究竟什麼因素對雜誌銷量減少影響最大，目前還沒有調查能夠指明，只能說漫畫雜誌的銷售情況，反映出漫畫讀者的消費偏好已與過去數十年有所不同。

雖然整體漫畫出版市場中每間出版社經營雜誌的方式有所不同，但戰後以來的主流漫畫出版業（不考慮已經消失的赤本、貸本出版系統）都是將雜誌作為主力商品，以低單價、重視銷售收入大於廣告收入的經營方式為主。這種策略過去非常奏效，雜誌的高利潤❶使得七〇至八〇年代許多出版社紛紛創辦漫畫雜誌。

當然，日本漫畫產業也注意到了九〇年代後，漫畫單行本和雜誌的銷售情形變化。過去單行本收入對出版社而言只是錦上添花，如今則成了維繫經營的關鍵。學者蕭湘文曾指出日本漫畫產業是靠單行本維持雜誌經營，就是因為其觀察的是一九九〇年代後的漫畫產業。漫畫編輯山內菜緒子也提到，二〇〇八年漫畫雜誌《Young Sunday》休刊，是因為「作為雜誌發行資金來源的漫畫單行本銷量不足」所致。漫畫家里中滿智子則指出，現今漫畫雜誌的經營狀況幾乎都是赤字，但只要雜誌上有一兩部作品成為暢銷作，就能靠漫畫單行本利潤填補雜誌赤字。以上這些觀察都顯示出現今漫畫產業的收益重心，已從雜誌轉移到了漫畫單行本。過去漫畫單行本的行銷幾乎是靠雜誌帶動宣傳，如今雜誌的媒體影響力逐漸減弱，在網路時代驚人的資訊量中，將另尋更多有效的行銷方式。

行銷宣傳很重要

現今的各文化產業幾乎都重視行銷。學者李天鐸便曾舉例電影《鐵達尼號》的行銷預算幾乎和拍攝預算相同，日本一張流行音樂專輯的行銷宣傳預算相當於製作費用的八倍。李天鐸認為這種現象是因現代社會口耳相傳影響力不復以往，文化商品必須透過促銷、行銷、廣告、品牌創造社會集體價值，誘發大量消費者的興趣。

對一九九〇年代以後的全球出版產業來說，重視行銷也是一種趨勢。美國出版人蘇桑（Claudia Suzanne）就提及現今出版市場每年都有大量新書問市，營銷部門在圖書製作過程中，經常掌握決策權。在新書激烈競爭下，出版社及書店通常只能選擇促銷一小部分的書——暢銷書的收入甚至有大半是投資在促銷費用和廣告成本上。

日本漫畫產業也有同樣趨勢，如少女漫畫雜誌《花與夢》編輯長友田亮就認為，宣傳是漫畫產業在資訊時代的一大重點，像以往那樣光靠漫畫雜誌品牌的影響力已經不足。他認為當前漫畫編輯的最重要課題，是依據各作品量身訂做適合的行銷策略，因此近年來日本出版社內的編輯跟行銷業務部門逐漸開始進行組織內部水平方向的部門合作。友田亮的說法也顯示目前日本漫畫出版社的主要行銷策略，可能不再像過往一般以雜誌為品牌塑造形象即可，而必須以個別作品為單位，分別打造不同的宣傳策略才行。

❶ 以漫畫雜誌《週刊少年 JUMP》為例，該誌在一九八九年突破每週五百萬本發行量，一九九五年達到六三五萬部的週刊最高發行記錄，以九〇年代初《JUMP》定價一九〇日圓來計算，光一本雜誌帶來的年收就有三八五億日圓，與中大型出版社全年度營業額差不多。

者的購買慾。

資訊時代的行銷：實體通路

在實體通路方面，日本漫畫產業新興起的促銷策略是與零售端、經銷商合作來提高消費者的購買慾。

出版社與實體通路的活動互惠

過去日本出版社和書店分屬產業鏈的上下游，彼此靠經銷業者連結，沒有特別頻繁的互動，但一九九〇年代後這種情形逐漸轉變。

在經銷流通業者方面，日本出版品的流通幾乎由日販（全名為日本出版販売株式会社）、東販（全名為株式会社トーハン）兩家大型圖書經銷公司承包，這兩間公司不僅對書店通路有極大話語權，在電腦出現後所建立的資料庫也涵蓋了大部分的出版品，不僅可以精準管理、統計及掌握書店出貨量，甚至也能對出版社業務提供印量參考數據❶。

除了和經銷流通業者的互動更為緊密外，近年來漫畫產業和實體書店的合作也逐漸增加。漫畫編輯小長井勝昌便提到，由於許多顧客找書時會尋求漫畫專賣店員的意見，因此出版社和漫畫店的交流與經驗分享變得十分重要，他們也會定期與漫畫店員開會、共同學習。

書店和出版社也透過活動互惠。有書店店員表示現今漫畫出版社常舉辦各書店的促銷活動競賽，像是以漫畫作品為主題的店頭布置大賽等等，活動期間業績較好的分店或消費者線上投票第一名的分店，可以在進貨熱門漫畫時佔有優勢，像是取得更多附送限量贈品的特裝版漫畫等等。過去出版社及流通業者普遍傾向將熱門書配給大型書店，導致一些中小型書店即便想進貨人氣商品，但分配到的貨量卻不夠多。近年來的演變，使得中小型書店可透過參與出版社的促銷計畫來取得更多優勢。

不僅是中小型書店積極參與促銷，近年來由於網路書店興起❷，許多實體書店都希望透過虛擬通路所沒有的服務與體驗爭取消費者關注，像是推出不同分店限定的預定贈品等等。

與消費者共享興趣

值得一提的是，現今許多日本漫畫專賣店在店頭布置立體的漫畫場景，又或在漫畫角色生日時，在店內擺設角色生日慶祝專區，也有些書店會在店內各處引用引起愛好者共鳴的漫畫內容——這讓商店不只是單純購物的場所，更像是一個與消費者共享興趣的地方。

由推特等社群網站上廣為轉發的內容不難發現，每當書店的布置及活動引發愛好者共鳴時，消費者便會「自發性」將此資訊散播給其他同好，因此書店的網路曝光也就大為增加。

許多消費者樂於在購物時看到更有趣的店頭陳設，這或許便是為什麼日本實體書店願意額外投入成本和人力在漫畫店頭宣傳活動。目前甚至有漫畫專賣店開始針對店面活動企劃進行徵才，可見這些活動一定帶給了書店（甚至出版社）好處。而以消費者的立場來看，店頭布置帶來的消費體驗，也是目前虛擬通路還沒有辦法取代的。

「顧客體驗」看似與商品及服務無直接相關，但對於現代消費者的影響卻日漸重要。學者約瑟夫．派恩（B. Joseph Pine II）及經營顧問詹姆斯．吉爾摩（James H. Gilmore）便曾在《體驗經濟時代》中提出這個觀點，他們認為當服務業發展到一定程度時，人們開始追求名為體驗的更高品質服務，就像過去大量生產的初級產品開始過渡到有品牌價值的商品，又從單純販售商品過渡到重視服務的階段一般，如今在高度發展社會中，單純的商品販售與服務也不再足以構成高競爭力，而需要升級為顧客難以忘記的體驗。他們所舉出的例子包括裝潢具有趣味性的購物商場、可以體驗動手樂趣的工廠、主題樂園及主題餐廳等等，這種精心營造的氣氛讓顧客感受到的不只是服務本身（不只是單純的購物、用餐），還會作為特別的體驗留下印象。派恩及吉爾摩的觀點，或許正解釋了為何就算漫畫出版社不提供額外贊助，許多實體書店還是願意舉行各種活動，吸引漫畫愛好者造訪實體店面。

過去零售業通常不包含在文化產業的定義中，這是因為零售業被視為「無創造性」的產業，但近年來日本漫畫產業的零售端經由種種活動，試圖創造一個消費者可以獲得體驗的空間。書店不再只是購入商品的地方，也是一個體驗性的展演空間❸，這樣的消費文化轉變，或許將使得未來販售漫畫的書店不再只是零售業，也可以是文化產業的一環。

❶ 有出版業者認為日本圖書經銷商的發達，對於中小型出版社或新出版社而言是一大優點，經銷商會依據經驗及數據委託各書店不同的貨量，同樣也將銷售情況回饋給出版社、和出版社洽談進貨量，這些業務主要由東京出版販賣株式會社（東販）和日本出版販賣株式會社（日販）兩間經銷公司來進行，退貨亦經由經銷公司處理，沒有多層經銷商介入，使物流關係及統計單純化。

❷ 現今實體書店最大的威脅對手其實是網路書店。一九九〇年代時雖有許多出版社架設官方網站，提供書籍的網路通販服務，但尚未成為重要販售管道，直到整合型的網路書店出現。二〇〇〇年網路書店亞馬遜的日文版正式開始營運，帶給實體書店很大影響。網路購書隱私性高、檢索方便又不需要出門，加上書不像衣服、鞋子，試用的需求較低，因此消費者很容易就轉向更方便的網路書店。而對經營者來說網路書店也有其他優勢，虛擬書店不論上架多少書，也只需要拓寬倉儲空間，並不需要在意展示空間，倉儲空間對地段的需求條件相對較低，經營成本自然也可以降低。實體書店很多方面的機能為網路書店所取代，加上新古書店、漫畫喫茶影響，實體書店面臨的競爭十分激烈。當然對出版社而言，收入來自實體書店或網路書店並沒有差別，不過如果實體書店能刺激讀者購買新書，總是比讀者在二手書店及漫畫喫茶消費來得有益。

❸ 本書認為漫畫產業能輕易將延展性拓展至零售業，或許得歸功於漫畫的圖像特性，這使得店員和消費者對一部漫畫作品有一定程度的共同認知及想像，因此也很容易透過布置來建立起共鳴，相對而言，文字作品即便知名度很高，每個讀者所想像的人物和場景樣貌可能會有很大差異，除了像《愛麗絲夢遊仙境》、《哈利波特》、《魔戒》等少數已形成共同圖像認知的作品外，一般而言，店員如果要在店頭重現出某部文學作品中描繪的場景，並能令消費者立刻理解，難度相對較大。而能形成共同圖像認知的文學作品，也多是因為曾改編成電影等圖像媒介過，才能在店員和消費者間建立起共同想像。

資訊時代的行銷：網路

除了實體通路的行銷手法進化，對於虛擬通路的行銷自然也需要加強，這包含閱聽族群較為明確的數位媒體，以及針對不特定大眾的社群網站經營。

如今各行各業都希望透過網路增加與顧客的互動及爭取關注，而網路使用者之間的相互影響（口碑）也是產製組織希望達到的目標，這種方式因網路特性而能散布得比過去的口耳相傳快而且廣。

低成本又即時的資訊傳播

漫畫出版社除了自一九九〇年代紛紛成立官方網站外，二〇〇〇年代後也通常會在推特（Twitter）等用戶多的大型社交網站申請官方帳號供讀者追蹤，而重大活動消息（如漫畫新人賞及得獎名單公布）也會透過網路發布。

網路低成本的資訊傳播，在臨時性的活動宣傳上有很大優勢。出版社不需配合印刷廠與經銷業者的製程，可以在任何時間發布消息，這對印刷量大而很難臨時增添內容的雜誌而言，網路的高靈活度也能彌補雜誌本身的劣勢。例如二〇一三年小學館辦公大樓要重建時，決定聚集該社旗下漫畫家在即將拆除的舊大樓牆壁上塗鴉，這項臨時活動的訊息透過推特發出去，因關注人數眾多而引來新聞媒體注意，在新聞媒體報導後，估算最終產生出相當於高達二十億日圓的廣告行銷效果。

網路對漫畫出版業的影響不只是增加一個宣傳管道，而是改變了整個資訊環境。網路時代人人都可以是資訊的發源／發起，媒體發言權不再只掌握於少數傳統的產製組織。小學館的漫畫編輯山內菜緒子便認為網路時代的漫畫編輯，不僅開始扮演資訊發信源的角色，也透過網路蒐集到一些傳統時代可能無法看見的使用者心聲。她提到在自己的個人推特帳號上，書店透過推特回報新書的店內布置、顧客反應等一線消息，讀者也會張貼感想等等，而且透過網路檢索也會看到一些作品相關評價。

然而，變得便利的同時，文化產業工作者的工作和私人生活界限逐漸模糊，整體而言的工作量可能比以往的漫畫編輯多更多。對此漫畫編輯島田英二郎則是認為，原本編輯的工作就是以作品完成後的作業為主，過去雖然因漫畫家無法負荷工作量、編輯開始參與作品完成前的階段（協助劇情構思等），但二〇〇〇年後編輯的行銷工作卻逐漸增加。他認為這樣的情況如果持續下去，漫畫編輯參與漫畫產製的比重或許將會漸漸減少，回歸過去將創作交給漫畫家、編輯負責後續作業的分工形態。

由此可見，漫畫產業如今在行銷上所付出的心力，可能將使得戰後以來建立的漫畫產製分工再度發生變化。若漫畫編輯必須減少協助漫畫家創作，漫畫腳本的人才需求可能就會增加，又或者漫畫編輯可能會再更進一步分工，分為協助漫畫家創作的編輯，以及負責和行銷部門、合作企業溝通的編輯，但這部分目前仍屬於推測。

人人都有評論權

網路降低了資訊傳播門檻，不僅拉近出版社與相關產業，以及產業與消費者間的距離，消費者之間的距離也在改變。

任何人都可以在網路上張貼心得和消息，大幅削減了報紙、雜誌等傳統媒體的情報傳遞功能，例如老牌漫畫情報誌《Puff》就在二〇一一年不敵網路而畫下句點。

另一方面，網路也改變了文化商品市場的評價機制。過去評論機制主要掌握在有媒體發言權的產製組織手上，當時消費者間只能透過同人誌、漫畫社團等同好社群分享對作品的評價，並且受限於讀者的交際圈及傳播手段，讓漫畫愛好者對彼此的影響仍有其限度。傳統媒體的影響力仍佔據主導地位，人氣漫畫幾乎出自熱門漫畫雜誌——擁有最多讀者的漫畫雜誌，通常也具有最大的影響力，可以帶動流行。

自從網路普及後，現今消費者之間評價容易傳遞。近年來許多漫畫編輯與書店店員都指出，由網路先開始打響名聲的漫畫作品案例越來越多，即便在小眾雜誌上連載的作品，也可能透過網路成為人氣漫畫，例如近年來的暢銷作《青之驅魔師》、《羅馬浴場》、《進擊的巨人》、《聖哥傳》等等，都是連載於銷量不高的小眾漫畫雜誌上，一開始並沒有受到關注，直到發行單行本後，在網路引發熱潮才開始大賣；這現象在網路普及之前的時代是很難想像的。

可以說網路在某個程度上消弭了資訊落差，使得過去由經營者及文化中介者主導商品價值的生態，轉變成較平等的資訊環境，也減少了原本傳統媒體單方面掌握的影響力，即便漫畫作品在小眾漫畫雜誌上連載，也有機會引起市場迴響。這項轉變對於文化產業十分重要，經濟學學者考夫（Richard Caves）曾指出文化產業的一項經濟特性是消費者在消費前難以想像商品內容，消費者和生產者間經常處於資訊不對稱狀態。因此過去生產者為了降低消費者的不確定感，熟悉市場運作的經理人通常會給予創作者定位、替作品建構價值。學者赫希（Paul Hirsch）也觀察到文化產業組織經常透過文化中介者（如DJ、專業評論家）來消除文化產製組織與消費者間資訊不對等的情況，例如透過邀請評論家參與試映會等方式，降低消費者對文化商品不可預期的感受等等。

不管多麼專業的評論家，都未必能完全掌握消費者的喜好，消費者有時可能更倚賴與自己相似的族群給予作品的評價、而非專家看法，而網路創造出了可行的環境。這種轉變或許解釋了為什麼近年在漫畫雜誌市場日漸萎縮的情況下，漫畫單行本仍能維持一定的銷售，畢竟過去數十年間日本ACG產業已培養出一批支持者，即使他們不買漫畫雜誌了，還是會關注ACG產業，那便有機會透過網路口耳相傳得知最近流行的漫畫作品。

小眾漫畫雜誌在資訊時代也獲得了新的可能性。即便紙本媒體本身影響力不足，只要持續推出商品，就有機會由網路逆向帶動單行本銷量，因此紙本漫畫雜誌本身的銷量不是那麼重要，重要的是透過規律時間發行漫畫雜誌，固定產出作品；只要有一部分讀者持續關注，就有機會透過網路宣傳出去。這或許也是為什麼在一九九〇年代後不景氣的環境下，還是有許多漫畫雜誌創刊（其中有些直接以電子雜誌的形式創刊）。

資訊時代的行銷：從單一媒體到多媒體

漫畫出版社雖然改變了對紙本雜誌的態度，但也不代表就此放棄傳統媒體。一方面產製組織仍掌握部分消費者無法得知的訊息，讓出版社給予的評價仍具有一定公信力，例如二〇〇五年開始寶島社每年都會出版一次漫畫評論誌《這本漫畫不得了！》，是由出版社抽樣調查一般學生、動漫畫社團社員、書店店員、編輯、評論家、各界專業人士等眾多不同領域的意見統計而成的結果，而網路評論有時很難像這樣進行系統性的取樣調查。《這本漫畫不得了！》對於消費者的影響力，由實際結果也可以看出，像是《進擊的巨人》在二〇一〇年十二月獲選為該誌排行第一名後，單行本銷量迅速累積。這說明了出版社提供的資訊雖然不再是消費者唯一的意見來源，但仍具有一定的影響力。

在現今資訊爆炸的環境中，文化中介者的地位也比以往來得重要。他們通常是所謂的意見領袖（opinion leadership），在人際網路中經常提供他人訊息並產生影響力。如漫畫評論家伊藤剛二〇〇六年時就提到，過去出版社並不重視漫畫書評，也不認為能造成多大影響，但近年來越來越多漫畫出版社贈書給評論家，希望藉由書評帶動平常不看漫畫的讀者。

紙本漫畫雜誌的存在價值

紙本媒體還是有電子媒體無法取代的媒體特性。紙本出版品不需購買電子載具就能閱讀，也不受制於網路速度、電池存量及顯示器大小，這點相較電子漫畫與網站是個優勢。

漫畫雜誌還有另一項優勢是鋪貨管道。消費者可以在車站或便利商店隨意購買漫畫雜誌打發時間（漫畫評論家中野晴行指出，現在車站、便利商店通路的漫畫雜誌銷售狀況比書店來得好，這或許與台灣言情小說推出便利商店口袋本有異曲同工之妙）。因為消費族群的不同，使得這些通路對漫畫產業仍是必要的。

許多漫畫消費者可能選擇去漫畫喫茶代替購買漫畫雜誌，但透過便利商店、車站書報攤購買雜誌的消費者，卻未必是漫畫愛好者，他們偶爾才心血來潮想閱讀漫畫，但面對書店裡數百種的漫畫作品，可能無從挑選起，而漫畫雜誌的內容相對多元，一本就能刊載至少十部以上的作品。此外，對陳列空間有限的綜合零售業來說，陳列一本漫畫雜誌比陳列十部不同的漫畫單行本還輕鬆多了。

此外，雜誌只要持續鋪貨，就可以產生一定的曝光度和品牌經營效果。消費者不一定會天天造訪書店，但卻會因其他目的經過便利商店、車站等地方，也可能一時興起購買後就成為新讀者，例如《週刊少年JUMP》現今發行量雖不如一九九〇年代全盛期，卻也仍保有每週三百萬本上下的發行量。這三百萬本雜誌只要每週在全國各銷售點上架，就可形成一個固定曝光的管道。

雖然未來大概很難再讓漫畫消費者重回以紙本漫畫雜誌為主要消費商品的時代，而紙本漫畫雜誌的財務也普遍有些困難，但日本漫畫出版社卻沒有放棄經營紙本漫畫雜誌，應該還是有其媒體策略考量。

紙本雜誌、單行本、電子漫畫這幾種媒體分化出了不同的消費者族群（當然這些族群間還是有所重疊，並非完全分離），這些族群可能有各自偏好的資訊管道，唯有同時經營多種媒體，才有可能抓住這些散居於不同媒體環境的消費者吧！

資訊時代的創作者社群及其影響

網路改變的不只是生產者及消費者，也讓業餘創作者得以較容易累積名氣。

蓬勃的同人誌文化

一九七〇年代中日本漫畫產業發展出同人誌文化，成為漫畫愛好者及創作者間的地下交流管道，而在一九八〇年代間同人誌文化不斷成長；透過定期活動、信件交流，以及刊物出版，逐漸形成不受出版產業與社會大眾干擾，卻對許多漫畫讀者具有影響力的創作與交流場域。

同人誌的內容也從漫畫評論拓展出創作型的同人刊物，以及對商業作品進行衍生創作（二次創作）的刊物。參與人數不斷增加，創作能量旺盛。

由於同人誌屬於地下文化，對商業作家及業餘創作者而言都是相對自由的創作空間，即便衍生創作嚴格說來算是侵犯著作權的行為，但早期也因影響力不大而沒有引來漫畫出版社的侵權訴訟與打壓；衍生創作也逐漸成為同人誌活動中最為興盛的一種創作種類。

同人誌的蓬勃發展使得許多具有職業水準技術，也有固定粉絲的創作者出現，而一九八〇年代末漫畫出版社也開始招攬這些人成為職業漫畫家，例如：聖悠紀、石渡治、遊人、山本直樹、高河弓、尾崎南、CLAMP、吉永史等人，他們創作出帶有同人誌色彩的作品也豐富了商業漫畫作品類型，像是CLAMP的《聖傳》（1989）、尾崎南的《絕愛1989》（1989）等等。

由人才培育及自由創作的角度來看，同人誌文化與戰後貸本漫畫出版業所扮演的角色非常相似。對出版社而言，起用已有名氣的同人創作者，可以省去部分培養新人所需的時間和心力。

在一九九〇年代網路出現後，同人誌文化更進一步擴大了影響力。數位繪圖軟體發展、網路發表平台增加、少量數位印刷技術普及，使得創作與發表門檻降低。此外九〇年代初有害漫畫運動讓商業漫畫的創作自由受到不少限制，但作為地下文化的同人誌則沒有那麼直接的影響，創作相對自由。因此，同人誌文化與相關產業在九〇年代迅速發展，不僅出現同人誌專門販售店，甚至有專印同人誌的印刷廠，而舊書店裡出現二手同人誌也很稀鬆平常。

七〇年代創立的同人誌展售會COMIC MARKET由當時僅數百位參加者的活動，成長為有數萬攤位的全國大型活動，並且在二〇〇二年後活動期程由兩日延長為三日，不僅活動規模越來越大，甚至在二〇〇四年時，參與人數還達到了五十萬人。就算不計入其他為數眾多的同人誌活動、網路、店面販售金額，單就COMIC MARKET官方發布的資料顯示，活動參加者的消費金額以三至五萬日圓和一至二萬日圓為主，若取二萬日圓來計算，為期三天的活動就有九十六億日圓的市場規模，而且這還並未計入相關產業收入。

商業漫畫編輯積極尋找作者

相較網路時代蓬勃的同人誌文化、網路創作文化，商業漫畫投稿量倒是不升反降。或許因為便利的網路發表環境與自費出版，一些創作者利用業餘時間創作便已得到滿足，而不一定要成為專業漫畫家，反倒是漫畫編輯主動從網路、同人誌創作圈中挖掘人才變成了常態。

講談社編輯長島田英二郎就提到過去出版社只要等待創作者投稿即可，但現今媒體多樣化，雜誌必須自己主動搜尋並挖角人才，增加和人才接觸的窗口，就連大出版社也開始改善原有的漫畫新人賞機制，像二〇一三年講談社開始舉辦線上漫畫新人賞，方便網路時代使用電腦繪圖的創作者。此外，講談社部分漫畫獎甚至開放已發行的同人誌再度投稿，目的自然也是為了讓同人誌創作者更有意願應徵。

除了在新人招募活動下工夫外，也有漫畫編輯指出，現在的漫畫編輯也較以往積極挖角其他雜誌的漫畫家。網路的便利性使得編輯不再需要透過雜誌編輯部詢問漫畫家私人聯絡方式，可以直接透過社群網站聯繫。

漫畫出版社也開始採用過去未曾試過的招募辦法，現今有不少出版社會在大型同人誌活動中設置「出張編輯部」（出差編輯部），由漫畫編輯親赴活動會場幫創作者看稿和提供建議——這麼做的不只是小出版社，例如二〇一四年十一月二十三日舉辦的同人誌即售會「COMITIA第一百一十屆」中就有六十四個漫畫雜誌編輯部參加，包括許多知名漫畫雜誌，而稿件也接受紙本原稿或同人誌的形式。

漫畫編輯除了到同人誌活動會場「出差」外，也開始和教授漫畫技法的專門學校合作，提供建議給想當漫畫家的學員們，像講談社編輯高見洋平就表示「以前的漫畫家幾乎都是自學，現在的漫畫學校除了能學習技法、同儕間相互學習成長外，能經常邀請漫畫編輯得知業界動態是相當大的優勢。」他也表示對漫畫編輯而言，跟漫畫學校合作的最大目的便是挖掘新人。

由以上的業界動態可以得知，在創作發表平台及聯繫管道增加的網路時代，產製組織必須更積極對外爭取人才，因應環境變化；甚至也出現了以仲介漫畫創作者和出版社為業務的公司❶。從編輯的工作內容改變來看，再次顯示資訊時代的編輯角色確實比過去來得複雜，不僅要負責行銷、產製，連找尋人才也得花費比以往更多的心力。不過，在漫畫人才培育方面，由於大量業餘創作者及漫畫專門學校❷的出現，或許某種程度上也減輕了漫畫編輯在產製過程及人才培育方面所需投注的心力。

此外，漫畫編輯在產製過程中所費的心力得以減輕，也有的是因為現今有許多原創作品是在網路上累積名聲，才由出版社出版，例如《電車男》、《宅男腐女戀愛真難》、《體脂率40％的腐女，如何靠妄想及執念減肥成功》、《31歲ＢＬ漫畫家想婚，結果變成這樣》、《家有怪物女兒的日常》等作品，都是先獲得網路迴響，再改由出版社發行的熱賣作品。這些潛力股對產製組織有許多好處，一來已有現成成品，節省產製過程的人力成本。二來在網路上爆紅，顯示已有一定的市場支持度，投資風險較小。某漫畫編輯就直言，近年來網路愛用者是非常重要的客群，他認為像《ITAN》（講談社）、《FELLOWS》（Enterbrain）等漫畫雜誌就是瞄準了這塊市場，起用許多在網路上具知名度的ＢＬ漫畫家及同人作家而得到成功。而在過去，這些漫畫創作者可能必須先在漫畫雜誌的別冊上磨練，才能漸成氣候。

戰後以來漫畫產業曾經歷兩次人才缺乏難關，一九五〇至六〇年代以挖角貸本漫畫家的方式渡過，一九六〇年代中後期則成立了漫畫新人獎制度，現今漫畫出版社則以出張編輯部、網路挖角等方式持續與年輕創作者接軌——這也可能將成為下一世代漫畫產業產製制度的一環。

❶ 「株式会社コルク（Cork）」於二〇一二年成立，公司創辦人佐渡島庸平原是講談社的漫畫編輯。不過該公司仲介的創作者不限於漫畫。

❷ 許多漫畫專門學校設立於九〇年代末，例如二〇〇〇年創辦的日本マンガ塾（日本漫畫塾）、日本アニメ・マンガ専門学校（日本動漫專門學校）。雖然一九六五年時就曾有漫畫家近藤日出造設立「東京デッザインカレッジ漫畫部」（東京設計 college 漫畫部），號稱是「日本第一所漫畫學校」，擔任講師的漫畫家是擅長時事四格漫畫的橫山泰三，但或許因為教授的不是當時日漸成為主流的故事漫畫，四年後學校背負三億五千萬赤字而廢校。九〇年代末設立的漫畫學校，自然都是教授故事漫畫。

數位出版的可行性

網路對紙本出版從生產者到消費者都有諸多影響，而一方面電子出版（數位出版）的可行性也漸漸引起漫畫出版社的重視。早在一九八〇年代中期日本就已出現電子出版，當時是以 CD-ROM 形式發行，如字典《廣辭苑》。到了一九九〇年 SONY 推出 8cm CD-ROM 的小型電子閱讀器，其後數位出版的技術逐漸穩定，在一九九六年出版界十大新聞就有「電子出版興盛」一項，此外也有網站形式的數位媒體。

九〇年代中後期因為網路普及，出版社紛紛架設網站，例如集英社在一九九七年開設官方網站。到了二〇〇〇年代中期，電子出版市場快速擴大，網路出現內文檢索服務，讓不少報紙或雜誌將內容放上網路，或乾脆改為數位發行。另一方面，由於2.5G、3G手機問世，讓上網變得更為便利。

數位漫畫的可能性與不確定性

數位漫畫最早以電腦圖片的形式開始發展。一九九八年日本出現第一間PC版數位漫畫的書店「電子書店Paples」，這時的「數位漫畫」幾乎等同於電腦版數位漫畫，直到二〇〇四年3G手機及網路優惠方案普及，手機數位漫畫才成為電子漫畫的新選擇。

依據出版年鑑估計，電子書籍市場到了二〇一〇年約有五百億日圓規模，其中數位漫畫就佔了電子書八成的營業額。而二〇〇五年至二〇〇九年間，日本出版社積極發展WEB雜誌和線上漫畫網站，例如集英社於二〇〇六年成立數位出版室、數位宣傳課（デジタル出版室、デジタル宣伝課）等部門。各家漫畫出版社也多在二〇〇〇年代中期開始著手投入漫畫電子書事業。

電腦數位漫畫從十一億日圓的市場規模成長到二十九億日圓，而手機數位漫畫成長更是相對迅速，從二十三億日圓成長至四百二十八億日圓。由此可見，就算仍有漫畫編輯指出日本電子書的購買便利性不足，但數位漫畫仍然大有可為。

數位漫畫市場規模不斷擴張，經營形態卻是五花八門，收費或閱讀方式仍沒有較為主流的形式。

二〇一二年大型漫畫出版社開設起免費漫畫網站，如「裏Sunday」、「隔壁的Young JUMP」等等，也有漫畫雜誌的電子版、手機app，像《Morning》自二〇一三年五月開始推出每個月五百日圓的手機漫畫app《D Morning》，內容幾乎跟紙本漫畫雜誌相同；《週刊少年Magazine》則推出免費漫畫手機app「Manga Box」。

相較已有上百年發展歷程的紙本出版產業，新興的數位出版仍有許多未知可能性與不確定性。《Morning》編輯長島田英二郎比較電子雜誌《D Morning》及「Manga Box」網站兩者經營模式的不同，提到《D Morning》雖以數位形式發行，形式上和紙本雜誌並無兩樣，都是一期期付費購買；「Manga Box」則是透過免費刊載大量作品來吸引讀者，目標是後續的單行本銷售。

不同的電子媒體經營方式，可能會造成產製組織採取不一樣的銷售策略。哪種形式更適合資訊時代，目前仍尚無定論。

數位媒體：互動、共感、跳脫單一平面

對於創作者而言，數位出版還有一項問題：規格未統一。

電子出版品的硬體載具發展很快，顯示規格也是日新月異。以閱讀器而言，二〇〇七年亞馬遜推出電子閱讀器「Kindle」，二〇一〇年蘋果公司推出 iPad，加上智慧型手機與傳統電腦，這些個別載具的螢幕大小有極大差異，使得電子漫畫規格難以統一。雖然電子漫畫通常有放大縮小功能，但在創作呈現上仍受到影響。

過去故事漫畫多以紙本雜誌的「一頁」作為單位進行分鏡，分鏡上也採用許多日本故事

漫畫特有的敘事技巧，例如藉由格子大小、形狀，甚至框線畫法等來傳達內容。電子載具的顯示方式則尚未統一，同一部漫畫可能必須針對不同載具的特性進行特殊處理，例如手機漫畫流行縱向滑動的長條漫畫及單格單格播放的紙芝居式漫畫，但以「分格」作為顯示單位的漫畫便無法適用。反過來說，若手機長條漫畫若要印刷成紙本書籍，也可能發生規格不適合的問題，而不得不再多費工夫編輯成一般書籍的版型。由此可知，視電子載具的不同，數位漫畫與紙本漫畫不一定能輕易互相轉換。若想讓作品同時在不同載具上得到最佳效果，則勢必得另外花費心力進行處理，產生出額外的人力成本。

雖然數位出版還有很多不確定因素，卻是漫畫產業未來值得發展的方向。《Morning》編輯長島田英二郎指出，數位版雜誌《D Morning》的成長，不僅填補了紙本雜誌下滑的銷量，又如果合計紙本、電子雜誌兩者銷量，可能還超越過去只有紙本雜誌時期的銷量，這說明電子漫畫的出現也許可以開發出過去不購買漫畫雜誌的客群。

近年來，在出版社架設的線上漫畫網站獲得市場迴響的漫畫也越來越多，像是《我不受歡迎，怎麼想都是你們的錯！》、《男子高校生的日常》等作品，便是在出版社 SQUARE ENIX 的「GAN GAN Online」網站上進行連載（並無發行紙本雜誌），可見有一定族群是透過線上漫畫網站來閱讀漫畫的。

未來的數位漫畫市場能發展到什麼程度，目前尚無法得知，但確實展現出一定的潛力

──紙本出版市場衰退是否代表日本漫畫出版業將一蹶不振，其實還有待商榷。日本漫畫出版業不只是單純發行數位版漫畫，也開始摸索數位媒體時代的漫畫創作，是否有新的可能性。正如紙本出版品也有所謂的「有聲書」、「立體書」等特殊的商品類型，數位出版的可能性也絕不是只有平面圖像，例如集英社便推出由聲優替漫畫配音的「Vomic」。

此外，日本動畫網站ニコニコ動画（NicoNico動畫）於二〇〇八年設立靜態圖像網站「ニコニコ静画」（NicoNico靜畫），並於二〇一〇年與角川集團開始合作推出漫畫。該網站最大特點在於沿用NicoNico動畫網站的特色──即時留言。當NicoNico動畫網站的使用者觀賞影片時，可以針對影片某一時間點的內容留言，之後當其他使用者觀賞影片到該時間點時，畫面上便會出現相對應的留言。這種留言跟傳統留言、影片分開的形式不同，能讓網站使用者觀賞影片時，可以看到其他使用者對同一畫面的感受，進而產生與眾人一同觀看影片的錯覺❶。這種特殊的互動感相當受到NicoNico動畫網站使用者喜愛，並且這種同步留言的功能也被NicoNico靜畫所沿用──以往讀者看完漫畫後，若想知道其他讀者感想，就必須另尋相關討論區，但NicoNico靜畫使用者能在閱讀作品某一頁某一格的當下，便得知其他讀者在同一畫面的感受。這種與大量不認識的使用者即時共感（雖然即時只是種錯覺）的漫畫閱讀體驗，是傳統雜誌很難辦到的。❷

我們無法斷言未來數位漫畫會如何發展，且目前數位漫畫還有許多像是盜版之類的問題要面對。此外，實體書店及數位漫畫也還沒有整合得很好，部分漫畫編輯便指出紙本媒體之間的連結性仍然較強，使得紙本雜誌上連載的漫畫出版成單行本時，在書店中還是較有優勢——書店店員未必會知道網路上流行什麼漫畫，所以店面強力促銷的商品仍以紙本雜誌上的連載作品為主；許多愛好者收藏漫畫時仍舊偏好有實體的書本。

由此可見，雖然漫畫產業的收益結構及行銷策略改變，漫畫雜誌在日本漫畫產業制度中所扮演的角色逐漸縮小，但是相對地由於數位媒體不斷成長，可發現漫畫出版業還是有許多潛在可能性；不一定失去了漫畫雜誌就一定會隨之勢微。而近年來漫畫產業也更加積極與出版業以外的產業合作，這樣的嘗試會帶來什麼影響，將留至下一部分討論。

❶ NICONICO 動畫網站的顯示機制使得原本並非同一時間的留言（非同期性），令網站使用者產生似乎是同步分享感受的錯覺（同期性），日本社會學者濱野智史稱之為「類同期性」。

❷ 近年來由於網路技術成熟，即時與不在現場的其他人共同閱聽同一文本的服務越來越普遍，例如透過電影院轉播海外演唱會現場畫面，以及各種唱歌、遊戲、動畫、對談實況等，顯示消費者對於閱聽文本時的即時性共感有一定程度需求，目前較常見的網路實況頻道如 Twitch、NICONICO 生放送、Youtube、Livehouse 等都能提供直播服務，電影院演唱會直播在日本有 Live Viewing Japan 等公司進行相關服務，台灣如威秀影城自二〇一一年開始進行演唱會轉播，目前以日本藝人演唱會的跨國轉播為主。

規模升級的文化產業異業結盟

一九八〇年代有部分日本漫畫編輯開始採用Mediamix的行銷手法，並且漫畫產業也透過和日本動畫產業、電玩產業合作，成為多核心的ACG產業。而一九九〇年代後漫畫產業的合作對象又進一步擴大了。

至今，跨產業合作對日本漫畫產業而言變得比過去更為重要。

九〇年代前：狹隘的跨產業合作

漫畫產業很早就嘗試過與其他產業進行合作，甚至戰前就已有漫畫周邊商品❶。戰後的鐵路取消了雜誌附錄的運費優惠，力求售價便宜的少年雜誌雖然取消了玩具或文具的雜誌附錄，但其後因電視動畫的發展，使得零食、玩具、模型廠商陸續透過贊助動畫促銷自家產品，其中也有與漫畫產業合作的企畫。

到了八〇年代後動畫產業及電玩產業高速發展，漫畫、動畫、電玩三項產業開始頻繁相互改編，其消費者也往往相互重疊。但此時期ACG文化仍是被社會大眾排斥的「次文化」，沒有太多以成人為目標客群的產業來主動與漫畫產業進行合作，甚至漫畫編輯也普遍認為靠Mediamix手法行銷漫畫是旁門左道的方式。所以，當時漫畫產業的跨產業合作便以ＡＣＧ產業之間相互改編、授權玩具、零食等青少年商品的廠商為主。

簡言之，九〇年代前的漫畫產業跨產業合作，主要與文化產業合作，也就是以動畫和電玩為主，偶爾有如電影、電視劇或音樂劇等改編，像是《帶子狼》、《凡爾賽玫瑰》、《同棲時代》等等。有時，漫畫產業也與少數其他類型產業合作，例如文具、零食、玩具等等，但主要以青少年或兒童為目標族群。

九〇年代後：更多元的異業合作

然而，九〇年代中，紙本雜誌市場開始出現危機，無法單靠漫畫帶動銷量的漫畫雜誌越來越多，必須尋找出版以外的收入。有些採用Mediamix手法行銷的漫畫在提升銷量上獲得了成效，例如《美少女戰士》一開始就預計採取Mediamix手法行銷，並以發售各種周邊商品為目標。連載《寶可夢》（早期台譯《神奇寶貝》）的漫畫雜誌《Korokoro Comic》，也因和《寶可夢》的連動企畫，而能在紙本漫畫雜誌整體市場開始萎縮的時候，銷量逆勢成長。此外曾擔任漫畫腳本的赤木太陽也認為，像小鋼珠、釣魚這類漫畫專門誌能在九〇年代後的漫畫雜誌市場中存活下來，或許因為這些雜誌和相關業界合作，保有一定曝光度的關係。這些現象也許讓漫畫出版社認為，如果漫畫雜誌積極和其他業界合作，可能更有存活的機會，因而逐漸重視Mediamix策略的可行性。❷

於是，出版社與其他媒體合作的態度趨向積極。集英社社史就寫到，二〇〇〇年設立數位媒體部門（デジタルメディア部），並且為了強化角色經濟策略在二〇〇一年將《週刊少年JUMP》的六部連載漫畫同時改編成動畫上映，而二〇〇四年積極改編動畫的作品甚至多達十一部。講談社也成立映像製作部門、自行發行DVD，並參與漫畫的真人改編電影製作過程。

授權改編或製作周邊商品成為九〇年代後漫畫出版社的一大重點策略，而改編成動畫的作品一旦引發熱烈迴響，除了可能帶動漫畫銷量以及動畫贊助商發行各種周邊商品外❸，也經常使其他產業願意借助漫畫的高人氣來行銷，並進行合作❹。出版社與漫畫家一方面獲得授權收入，一方面也增加了漫畫銷量；這使得出版社更有意願與動畫產業合作。

這時期漫畫產業異業合作的第一個特性便是過去與漫畫產業合作的文化產業，在九〇年代後合作規模變得更大、也更為頻繁。除了動畫產業外，像一九九一年由漫畫改編的趨勢劇（Trendy Drama，台灣慣稱日劇）《東京愛情故事》獲得熱烈迴響，許多漫畫也陸續被改編成日劇❺；這些改編作不僅帶動漫畫單行本熱賣，消費者也會購買日劇中出現的周邊商品、音樂CD等等，形成良好的產業相互提攜模式。這可能也促使電影產業於二〇〇〇年後開始大量改編漫畫，讓許多漫畫作品被改編成日劇或電影而打響知名度❻，再吸引原本不看漫畫的族群購買漫畫。此外，舞台劇與ACG產業的合作也在二十一世紀後開始擴大規模。

相關產業成熟也使得ACG產業出現了過去未曾有的合作形態，例如聲優（台灣稱配音員）產業成熟❼，出現了新形態的漫畫周邊商品，像漫畫角色的「個人單曲」、「個人專輯」，以及廣播劇等等。輕小說也是二〇〇〇年代中期逐漸受到矚目的ACG產業相關文化商品。

以上這些異業合作都屬於文化產業間的合作，而九〇年代以後漫畫產業的異業合作還有幾項趨勢：多樣化、象徵化、精緻化，亦即漫畫產業開始和過去不曾合作的產業推出共同企畫、ACG迷們開始將商品消費作為一種愛好者社群中的象徵，以及漫畫逐漸被社會大眾接受為一種文化產業後開始出現的相關消費與產業。

❶ 據漫畫編輯之子加藤丈夫回憶，《野狗黑吉》在少年雜誌《少年俱樂部》上連載時就曾有各種文具、鞋子、包包、鉛筆等角色商品，甚至當時全國大部分遊樂場都有繪上主角黑吉的溜滑梯，但當時沒有商標權概念，因此多數商品其實都是盜用角色形象。日本真正意義上的授權商品可能是自一九七〇年，日本政府修正了一八九九年以來的著作權法後開始。

❷ 雖然沒有相關研究能證實，不過我認為漫畫出版社與其他產業合作，也可能與出版集團開始投資其他產業有關，例如角川集團旗下除了書店與出版業外，還開始投資娛樂、媒體、行銷等領域；而有些出版社則會投資出版業的上下游產業、或是其他產業，如講談社目前就持有十六家控股企業，含造紙印刷、軟體、房地產等；小學館則是經營軟體、建築等事業。多角化經營可能使得出版社在發行出版品時，也開始會考慮到未來多媒體應用的潛力。

❸ 和漫畫產業一樣，日本動畫產業也在一九九〇年代末開始擴大和其他產業的合作。原因是電視台因不景氣而縮減製作經費，使得電視台開始減少對單部動畫的投資金額，並以分散投資多部動畫的方式降低風險，而單家贊助商減少的份額，自然就需要其他廠商補上，因此動畫產業開始形成多家廠商共同投資一部動畫、組成「動畫製作委員會」的模式，共同出資的公司能優先獲得周邊商品製作、播映的權利。由於多間不同產業的贊助商共同參與動畫投資，因此一旦某部動畫意外流行起來，各式各樣的周邊商品就能在最短時間內開始生產。在市場反應顯示此模式可行的情況下，人氣動畫發行大量周邊商品的模式逐漸固定下來。另一方面動畫產業的產製過程由於電視台頻道增加、對於動畫的需求提升，加上製作成本在數位化後降低，可以製作的動畫也較以往更多，與漫畫產業積極採用 Mediamix 的策略可說不謀而合。

❹ 動畫成功帶動漫畫銷量及跨產業合作的例子，如《進擊的巨人》就是一例，講談社智財局（ライツ事業局）企畫部次長立石謙介提到，動畫放映後進擊的巨人漫畫比放映前成長了三倍賣量，而動畫化後希望能和進擊的巨人合作的跨產業合作委託，也暴增到兩千件以上。在《進擊的巨人》動畫化前，雖然講談社曾自行向企業提出異業合作企畫，但當時沒有任何企業採納。由此除了可窺知動畫對漫畫銷量的影響外，也可發現近年來漫畫出版社對異業合作的積極性。

❺ 如《淘氣小親親》、《麻辣教師 GTO》，這樣的電視劇改編風潮進入二十一世紀後也仍舊持續，如神尾葉子《流星花園》、森本梢子《極道鮮師》、《小螢的青春》、《小咩的管家》等，部分作品甚至有台韓等海外改編電視劇，如《流星花園》。

❻ 如《交響情人夢》、《宇宙兄弟》、《只想告訴你》、《蜂蜜幸運草》、《菜鳥總動員》（舊譯《教頭當家》）、等作品都是推出電影版後，帶動漫畫作品銷量。

❼ 一九九四年開始有聲優專門雜誌《聲優 Grand Prix》、《Voice Animage》創刊，一九九五年出現了第一個聲優專門電視節目「聲・遊倶樂部」，如今日本人氣聲優經常會舉辦見面會、簽名會、演唱會、各種節目甚至海外活動。

跨產業合作背後的消費者文化與社會觀感

多樣化、象徵化、精緻化——漫畫產業異業合作的現象，都起自於消費文化的轉變。一九九〇年代後，漫畫產業出現高單價的周邊商品，進行合作的產業也出現一些過去很難跟漫畫聯想在一起的產業，例如漫畫作品與時尚名牌及化妝品品牌合作推出服飾、首飾、化妝品，甚至是與賽馬、小鋼珠等產業合作❶，甚至也有博物館、美術館、主題樂園和地方觀光等合作企畫。

若以最簡單的經濟因素考量，高單價漫畫周邊商品的出現，或許是因應漫畫讀者群的年齡和消費能力的提升，但是從很早以前開始，故事漫畫讀者就已經具有足夠經濟能力，何況九〇年代後經濟陷入長期不景氣，可是漫畫產業這些相關合作卻在九〇年代開始紛紛出現，這顯示ACG周邊商品開始往高價路線發展，很可能並不單純是因為社會經濟條件的改善。

衍生創作與衍生價值

學者波茨（Jason Potts）曾強調社交網路對於文化商品消費的重要性，他認為社交網路的資訊支配了我們如何選擇文化商品消費。社交網路決定一項文化商品的價值；尤其某些文化或商業價值尚未被社會大眾認可的新興文化商品，其生產和消費特別易受社交網絡影響。

日本漫畫產業自六、七〇年代逐漸形成愛好者文化，也就是所謂的社交網路。隨著這些同人誌文化、御宅族文化日漸興盛，九〇年代後又因網路而更為迅速發展。發達的愛好者文化帶來的影響，首先就是會出現狂熱者——他們很有可能同時也是非常忠實的消費者。

若以發行大量角色音樂的漫畫作品《網球王子》（1999）為例，該作摒除動畫電影、遊戲、音樂劇的相關原聲帶不計，光漫畫中各個角色就發行了超過一百張以上的單曲，甚至還有銷售量進入日本 Oricon 公信榜（日本現時最具知名度及公信力的音樂排行榜）前二十名的單曲❷。《網球王子》這部作品的背景是中學生網球社，並不是音樂相關的故事，也不像迪士尼動畫劇情中會安插歌曲，雖然名義上是故事中的角色演唱專輯及單曲，但實際上的演唱者是配音員（聲優），而且歌曲也完全是原創音樂作品。該部作品的讀者也知道這首曲子其實是與漫畫完全無關的創作，但因為以漫畫角色形象包裝，支持者依然會以「支持喜歡角色」作為消費動機。

這樣的消費文化，可能與日本ＡＣＧ愛好者間盛行的衍生創作（日文通稱パロディ或二次創作）有著同樣的原因。衍生創作大約於八〇年代中開始盛行於日本ＡＣＧ愛好者之間，衍生創作者借用某部作品的設定，例如故事背景、劇情、角色特質、角色關係等等進行再創作。而其閱聽者消費衍生創作時，如果衍生創作從原作品抽出的角色特質及演譯符合愛好者的理解，愛好者就可以視其為原作的延伸產物並加以接受；前述的角色歌曲對於閱聽者而言，也可以用同樣的模式（例如：由角色聲優來演唱歌曲，聲音是一樣的）將商品與原文本進行連結，進而將喜愛的情感轉移至衍生商品上——本書暫且將這種因具有共同性而產生的關聯稱為「衍生價值」。

ACG消費者可以因衍生價值而購買漫畫角色歌曲或衍生創作，也可以透過各種方式，在生活中實踐自己和喜愛作品之間的情感連結——麥特・席爾斯（Matt Hills）稱之為迷（fan）❸的踐履式消費。他曾舉出一些例子說明何謂踐履式消費，例如影劇迷可能會試圖尋找影劇中出現過的拍攝場景，並前往該地「朝聖」。或是潛心分析文本內容，產出相關文本並散佈給其他愛好者。總而言之，迷的踐履式消費有多種形式，但其初心都是緣於對文本的喜愛，並在其他產物上試圖重現這樣的情感，而這樣的動機與ACG迷購買角色歌曲或進行衍生創作並無二致。

迷文化與象徵意義

現代消費文化中，消費物品背後的象徵意義是十分常見的，如同喜歡某個名牌的人，購買其品牌主要是為了品牌背後的象徵意義。ACG衍生商品與這些名牌商品的差異，在於名牌商品的價值來自於現實中的文化或企業，而ACG衍生商品的價值源於虛構的文化商品。

ACG愛好者不僅逐漸接受其他產品跟ACG作品的連結，他們對衍生價值轉換成真正金錢單位的接受度，也在九〇年代後明顯提高。當漫畫產業發展出非常多樣化的周邊商品時，從青少年買得起的角色歌曲，到偏高價的施華洛世奇水晶耳環、西陣織長夾、美濃燒器皿，以及複合型的服務（主題餐廳❹、主題樂園❺及地區觀光合作❻等等），這些商品及服務有些定價並不便宜，如可動模型一尊要價多在一萬二至一萬五日圓左右，除了商品本身的使用價值或審美價值外，消費者之所以願意購買，很有可能還是因為其衍生價值，希望透過這些商品在現實中獲得情感連結、實踐迷文化（fandom）。

進入二〇〇〇年後，許多漫畫周邊商品外觀甚至可以不出現漫畫角色圖案，而是以角色「概念」進行設計，例如角色概念香水、角色概念高跟鞋等等，這些抽象化的商品也能被市場接受為具有衍生價值（與漫畫角色連結），這大概是因為日本ACG愛好者逐漸習慣消費商品背後的象徵意義吧！而這類衍生商品的另一例是所謂的「官方設定集」，以及作品世界觀討論的相關書籍。日本ACG產業自九〇年代後就有許多探究漫畫作品世界觀的書籍出版，例如一九九三年DataHouse出版社發行《幽遊白書的秘密》❼，大多數由民間愛好者自行整理並分析文本內容後由一般出版社發行，後來漫畫出版社也漸漸開始自行出版官方設定集。這類官方設定集與歐美動畫、影視作品的幕後製作花絮不同之處，在於歐美設定集通常刊載與劇情有關的設定，例如故事場景設計、服裝、角色的過去等等，而日本漫畫設定集中卻會出現與大量與劇情無關的設定，像是漫畫角色喜歡聽的音樂類型、喜歡吃的食物、家族成員、星座血型等等❽。這些設定對讀者理解劇情並沒有幫助，卻能讓一個虛擬角色更接近真實存在的人——這對於「迷」找尋現實中的連結以及進行踐履式消費可能更加容易。

部分ACG愛好者甚至為喜歡的角色舉辦慶生會，或寄送情人節巧克力到漫畫雜誌編輯部❾，甚至參加漫畫角色的告別式❿。

這些迷文化當然不一定全都回饋至漫畫銷售上，但可能影響長期的消費者社群風氣。愛好者在踐履式消費中不僅獲得自我滿足，也希望透過這些行為在愛好者社群中獲得認同。若是愛好者社群不贊同這些消費行為，這些迷文化可能並不會持久。愛好者們對於消費衍生價值的接受度越大，實際反映在ACG周邊商品市場上的結果，就是市場上越來越多昂貴的周邊商品，但非愛好者的人可能永遠難以理解。

社會觀感的轉變與精緻化

由於ACG迷文化產生出驚人的衍生價值與消費力，近年來非文化產業也開始注意到這樣的現象——這點由廣告代理公司開始介入漫畫產業和其他產業合作可以得知。漫畫產業的一些大型異業合作案，會交由廣告代理公司幫忙企畫以及說服贊助商。現在雖然還只限於較大型的案子，但這樣的例子出現足以證明ACG產業群成長到了一定規模。

這些廣告案希望透過結合目標族群喜愛的ACG作品及企業產品，讓原本消費者沒有興趣的產品出現衍生價值，或是提升對產品的觀感，例如生產醫療保健商品的白十字公司及日本中央賽馬協會選擇漫畫《進擊的巨人》作為廣告合作對象，就是希望能提升他們在年輕人之間的知名度與關注度。此外，一些知名企業也希望跟漫畫合作，例如資生堂、PIZZA HUT、NTT COMUNICATIONS、職棒球隊等等，或許由此可以推測漫畫漸漸被認可為一種藝術表現形式，文化地位也有所提升。

漫畫也跟其他文化藝術形式有了連結，像是漫畫家井上雄彥在二〇一一年時替東本願寺繪製水墨屏風，也曾在美術館開設美術展，而日本棋院也與《棋魂》、《星空下的烏鴉》等以圍棋為主題的漫畫合作。此外，一九九〇年日本國立近代美術館展出手塚治虫特展，一九九一年國會圖書館也舉辦過「大漫畫展」。

故事漫畫能像今日這樣與一般企業、各民間或政府單位進行廣泛合作，在一九九〇年代前仍是相當難以想像的——八〇年代末宮崎勤事件的發生，以及九〇年代初的有害漫畫運動，當時的社會大眾對ACG文化的觀感不算正面，至少一般企業不會讓企業形象與漫畫扯上關係。會有今日的正向轉變，可能與漫畫在海外受到高度評價，以及政府政策改變有關⓫。

從一九七〇年代開始日本已有一些動畫作品輸出至海外，八〇年代末日本動漫畫的藝術表現則在海外漸漸獲得重視，例如一九八七年美國發行《帶子狼》、《卡姆依傳》英文版，而改編自漫畫的動畫電影如《AKIRA》（1988）、《攻殼機動隊》（1989）等等也在海外獲得佳評。九〇年代的《寶可夢》更是引發全球熱潮，甚至也成為日本漫畫產業開始朝海外發展的契機⓬。

ACG的文化價值與新體驗

一九九五年日本政府提出「政府文化立國方略」，將文化軟實力做為新世紀日本重要的產業之一，此後推出一系列改革政策⓭，設置智財總部，並將「加強產學合作及人材培育」作為重要文化政策的一環。

一九九六年日本書部科學省舉辦首屆「文化庁メディア芸術祭」（文化廳 Media 藝術祭），除了藝術、娛樂、動畫部門以外，也設置了漫畫部門。

一九九九年日本政府的「教育白書」也開始將動漫畫置於藝術分野中。

長期以來在藝術創作領域中被視為邊陲、低文化資本的漫畫，開始受到國民普遍認可。

漫畫研究者增田NOZOMI就認為九〇年代漫畫開始逐漸被視為有文化價值的創作，主要是因為受到海外肯定，又可以期待輸出帶來的產值。而二〇〇七年政治家麻生太郎擔上日本外務大臣（相當於外交部長）後，也設置了動畫文化大使、漫畫大賞、國際漫畫賞等等，將動漫畫視為可對外輸出的日本文化。

這些社會觀感的轉變讓漫畫也變成一種藝術形式，一樣可以有美術展、原畫展、博物館等這類的文化活動與設施。自九〇年代相繼設立的故事漫畫相關博物館，至少已有五、六十間以上了⓮。

ACG產業也與主題樂園、主題餐廳或地方觀光合作。過往的漫畫作品只是平面媒介，不太容易產生視覺以外的感官體驗，也不像電影院或演唱會可以透過現場氣氛及參與感，讓閱聽者留下難忘的印象。但近年來能讓ACG愛好者置身其中的設施，就提供了比平面印刷品更多的體驗。二〇一二年漫畫《ONE PIECE》在全國各地舉辦「ONE PIECE展」，光是東京「ONE PIECE展」就有五十一萬人次以上參與，大阪場也有三十萬以上人次；到場人數及活動的商品販售效益都遠超集英社預期。

這些活動能取得如此熱烈的迴響，除了消費者對於新鮮體驗的共鳴外，這類結合愛好者熟悉的作品內容與服務，也使得原本的餐點或服務產生出衍生價值。再以遊戲廠商CAPCOM所開設的CAPCOM BAR為例，餐廳菜單以該公司旗下遊戲角色為概念擬定，當服務生送上特殊餐點時，還會搭配該角色的表演或台詞⓯。

由這些九〇年代以來的新興跨產業合作，可以理解原本以青少年為主要目標客群的日本漫畫周邊商品，現今不僅拓展了高單價市場，連一般企業及各種設施、餐廳也開始希望透過合作來吸引ACG愛好者。

漫畫的文化地位提升後，漫畫產業可與地方政府及各種法人協會進行合作，顯現出漫畫產業的相關商品與服務正逐漸走向精緻化了。

專業宅：漫畫產業的跨產業合作對象列表

由此表可以發現九〇年代後，漫畫產業的跨合作對象在質與量方面都有提升，而市場也接受跨產業合作商品與服務。

這樣的轉變並非是資訊科技環境變化所造成，而主要是因為社會大眾對漫畫的看法改變、消費者的迷文化成熟，以及ACG愛好者追求更進一步的體驗。

時間	分類	
九〇年代前	文化產業	動畫、遊戲（家用主機遊戲）、電影、電視劇、音樂劇、廣播劇
	周邊產業	玩具（含模型、四輪驅動車等）
	非文化產業	零食、文具
九〇年代後	文化產業	動畫、遊戲（電腦遊戲、家用主機遊戲、網頁遊戲、手機遊戲）、廣告、輕小說、電影、電視劇、舞台劇及音樂劇⓰、廣播劇、角色歌曲
	周邊產業	玩具（含模型、轉蛋、食玩、盒玩等）、時尚飾品、博物館、美術館、主題樂園、觀光（如溫泉旅館）、傳統工藝、書店
	非文化產業	零食、小鋼珠店、文具、餐廳、其他

❶ 目前雖無法確認小鋼珠業界及漫畫產業何時開始合作，但可能是從九〇年代末至二〇〇〇年代初左右，目前合作過的漫畫作品已達兩百種以上，其中有些漫畫的合作機種不只一種，二〇〇三年《北斗の拳》（《北斗神拳》）合作的小鋼珠機器達到史上最高出貨數量，計六十萬台。

❷ 由日本 Amazon 網站的資訊來看，角色音樂可能是由九〇年代中後開始盛行，如今ＡＣＧ產業中角色音樂ＣＤ已經是非常普遍的產品，為了吸引聲優迷，甚至也有角色音樂ＣＤ比作品更早發售的例子。

❸ 雖然依據投入程度及行為不同，許多學者將迷區分為許多族群，但整體而言所謂的迷一般具有「專注且投入地著迷於特定明星、名流、文化商品，對於著迷對象枝微末節的細節也能琅琅上口，並且通常樂於參與社群活動」的特質。

❹ 其中有以ACG作品為主題的餐廳，如以動畫鋼彈系列為主題的「Gundam Cafe」開設於二○一○年、以遊戲《勇者鬥惡龍》為主題的「LUIDA'S BAR」等，後述提到的CAPCOM BAR也是一例。此外九○年代開始出現的Cosplay飲食店，二○○一年由日本秋葉原開始盛行的女僕喫茶及二○○六年開設的第一間執事咖啡廳，也都普遍被視為與ACG文化有關的主題餐廳。根據女僕喫茶情報網站（女僕喫茶Michelin）裡女僕相關餐飲店（包含居酒屋）在二○○五年全國共有七十間店，五年內從第一間拓展到七十間，發展相當迅速。

❺ 如漫畫作品《影子籃球員》在二○一四年至二○一五年期間曾與溫泉主題樂園大江戸温泉物語、遊樂園浅草花やしき合作舉辦特設活動；《新世紀福音戰士》電影版與富士急樂園進行合作等，也有些主題樂園與ACG作品進行常態性合作，如複合商業設施太陽城（サンシャインシティ，Sunshine City）內的室內型主題樂園Namco Namja Town，二○一六年一月間就與《妖怪手錶》、《TIGER & BUNNY》、《彈丸論破》、《小松先生》、《月歌》等ACG作品合作活動，每個特設活動大約都為期兩個月左右。而大阪環球影城也經常與ACG作品推出4D表演秀、食物及立體展示，如二○一六年一月期間就有《新世紀福音戰士》、《進擊的巨人》、《惡靈古堡》、《魔物獵人》等作品的特設活動。

❻ 地區觀光合作除了建立相關博物館以外，有些是在以街頭藝術形式出現，例如《烏龍派出

所》作為舞台的龜有車站附近自二〇〇六年開始至二〇一四年為止陸續設置了約十四尊銅像，有些是因ＡＣＧ作品以某地為舞台，因而帶動愛好者進行「聖地巡禮」的風潮。

❼ 依據日本亞馬遜網路書店的資訊，DataHouse 出版社自九〇年代以來，至少出版了一百本以上探究漫畫作品設定的書籍。

❽ 如漫畫《網球王子》，其官方設定集中除了與網球相關聯的設定（如愛用的球拍品牌、打球風格、體能），還記載了角色生日、喜歡的食物、興趣、家族成員、父親職業、擅長學科、喜歡的顏色、房間平面圖、平常書包裡攜帶的東西等。其他有些漫畫作品也會將這類設定收錄在漫畫單行本中，但一九九〇年代初期的漫畫單行本還不太常看到這樣的現象。

❾ 例如漫畫《網球王子》自二〇〇一年起，出版社收到粉絲給角色的情人節巧克力逐漸增加，作者每年還會在漫畫單行本中公布角色收到的巧克力排行，但二〇一四年出版社收到十八萬個巧克力，因擔憂日後若持續收到同樣數量的巧克力將會難以管理，而決定中止這項活動。此外角色慶生方面，也曾有角色生日當天因祝賀推特數量太多，而使得ＮＨＫ電視台節目中特別介紹漫畫角色的例子。

❿ 最早於一九七〇年，漫畫雜誌《週刊少年 Magazine》就舉辦過漫畫《小拳王》角色力石徹的告別式，這項前所未有的讀者活動吸引了約六百名來客，遠超過編輯部估計，這項活動也被各家報社視為年輕人的怪異行為而大肆報導，不過這些負面報導並未延續出更進一步的反彈聲浪，據日本最大廣告公司電通估算，各報大篇幅報導，讓這個預算只有三萬圓的出版社活動，達到當時價值三億日圓以上的廣告效果。近年來竹書房也曾在二〇〇九年、二〇一一

年舉辦漫畫《Akagi》主角赤木茂的十週年、十三週年忌日相關活動，參加者都達千人以上。

⓫ 一些青年漫畫的內容不斷深化或許也有間接關聯，不僅漫畫《沉默的艦隊》在國會答辯中被引用，一九九〇年代也陸續出現博士學歷的漫畫研究者，如：瓜生吉則、宮本大人、吉村和真、斎藤環、東浩紀等，過去的漫畫研究及評論主要是由民間研究者來進行，如：清水勲、伊藤剛、石子順、石子順造、吳智英、夏目房之介、中野晴行等。而二〇〇〇年京都菁華大學設立漫畫學科，使得漫畫相關研究能從民間研究正式進入學術研究領域。日本漫畫學會則是於二〇〇一年創立。據中野晴行估計，二〇〇四年設有漫畫相關學科的大學及短期大學有二十所，專門學校則有八十五所。

⓬ 由於《寶可夢》在海外也引起很大迴響，如一九九八年《寶可夢》電影版《神奇寶貝劇場版：超夢的逆襲》（在此沿用台灣舊譯神奇寶貝）締造日本電影在美國票房的首周最高記錄，使得日本漫畫產業及日本政府意識到ＡＣＧ文化或許具有海外發展潛力，企業開始積極拓展海外事業，如小學館及集英社開始與海外出版社合作，一九九九年在美國新設了公司「ShoProUSA」，與當地出版社締結授權契約。一九九九年角川集團也於台灣設立台灣角川公司，此外集英社則是二〇〇二年在美國發行《週刊少年JUMP》的英文版《SHONEN JUMP》，二〇〇五年又創刊英文版少女漫畫雜誌《SHOUjo BEAT》等。ＡＣＧ文化在海外的成功，對於ＡＣＧ產業被日本社會廣為接納應該也有所影響。

⓭ 日本推動的一系列政策改革包含：一九九五年時先於日本書化政策推進會議的「新文化立國：關於振興文化的幾個重要策略」報告中，確立其「文化立國方略」；隔年提出「二十一

世紀文化立國方案」，先後推動「IT基本法」（2000，全名「形成高度情報通訊網路社會基本法」）、「文化藝術振興基本法」（2001，同年修改「著作權法」）；而後又於二〇〇二年，日本總理提倡「知識財產立國方針」，推行「知識財產基本法」，進行了五十部以上相關法的修正。

⑭ 除了綜合型的漫畫圖書館，如：Recycle Manga 館（1996）、廣島市漫畫圖書館（1997）外，也有許多是為了紀念單一漫畫家，甚至是單一漫畫作品的博物館：手塚治虫紀念館（1994）、長井勝一漫畫美術館（1998）、五十嵐優美子美術館（2000）、石森章太郎故鄉記念館、（2000），以單一漫畫作品為中心的紀念館有：櫻桃小丸子 LAND（1999）、妖怪神社（2000）等。進入二十一世紀後還陸續有許多漫畫博物館及漫畫家紀念館成立，如二〇〇六年開幕的「京都國際漫畫博物館」。

⑮ CAPCOM BAR 店內同時也會販售遊戲商品，提供最新遊戲試玩及限定商品的抽獎活動等。發行眾多角色商品的萬普（株式会社バンプレスト）公司，也有與電子遊樂場合作，在各電子遊樂場推出限定商品及附贈角色商品的套餐組合。

⑯ 網球王子音樂劇自二〇〇三年開始持續公演，至二〇一五年為止已超過十年，累積觀客人次超過兩百萬人，此後如《忍者亂太郎》音樂劇自二〇一〇年以來也持續了五年公演，近年來動畫、電玩也都有許多作品改編成舞台劇。

漫畫產業轉型的可能性

未來的日本漫畫產業除了朝數位出版結合紙本出版的方向外，也可能持續開發滿足ACG愛好者的各種體驗服務，而另一方面則會與各行各業合作。這些發展讓漫畫產業用以行銷的「媒體」不再只有紙本漫畫雜誌，而是擴散到各種數位媒體、紙本媒體，以及各種產業（未必是文化產業），形成一個規模廣大的行銷網。

我們或許可以說，漫畫產業如今已不再是單純的出版業，而是以漫畫產業為中心的「產業群」；漫畫產業則是此產業群的核心之一。這種經營形態的變化自然也影響了漫畫產業的管理者——漫畫雜誌編輯——現今的漫畫編輯除了編輯與行銷工作外，還要確認其負責的漫畫所授權的改編作品或周邊商品的品質，例如改編成動畫後的腳本、作品畫風、錄音成品，角色商品是否適當等等。由於工作量大，漫畫編輯未必能一一仔細確認授權改編的內容，所以有時漫畫家會抱怨改編作品偏離了原作，影響繼續授權意願。這可能會讓未來漫畫產製組織管理者（編輯）的工作再進一步細分，或是越來越多漫畫出版社開始透過廣告代理公司來企劃跨產業合作。

漫畫本身可能也會有所改變。或許不再只是單方面、無聲的平面藝術創作，而是運用五感的閱讀體驗，又或者如果手機漫畫成為主流，漫畫家的表現形式可能就會轉變成適合手機螢幕比例的創作。

文化產業的發展絕非一蹴可幾，是消費端與產製端不斷相互影響與循環而成。如果沒有戰後以來建立的產製制度，以及多年下來跟其他產業合作留下的經驗，日本漫畫產業面對九〇年代的外在環境衝擊，其經營模式未必能順利轉型，也不一定能有現在的規模和影響力。此外，消費者文化形成也需要一段長久的時間，如果ＡＣＧ迷文化不是從一九七〇年代就開始發展，很難想像現今會有這些狂熱迷兼死忠消費者的出現，就更不可能發展出如此多樣的授權商品與服務。

簡言之，日本漫畫產業自戰後以來，透過有效的媒體策略，總是得以貼合當代內外部環境與趨勢，將產業帶往有利的方向，其中歷經了幾個階段：

・戰後至一九六〇年代的奠基期，出版社建立起以漫畫雜誌為中心的產製制度與行銷策略，邁向具有產業特徵的專業分工制度。

・一九七〇年代至一九八〇年代的擴張期，因為大量創作人才及產製組織開始投入漫畫市場，以及動畫與電玩的蓬勃發展，漫畫雜誌市場開始分眾化，部分漫畫產業經營者也開始嘗試跨媒體行銷策略。

・九〇年代後至今，紙本雜誌媒體衰退，網路快速壯大成為新一代的主流媒介，戰後以來日本漫畫出版社所建立的產製制度及媒體策略都必須進一步調整，產業也因此步向了轉型。

在日本漫畫產業的發展歷程中，媒體作為連結產製端與消費端之間的介質，對每個時代的漫畫產業造成了影響。這裡的「媒體」並不單指漫畫雜誌，而是泛指戰後以來刊載了故事漫畫的所有媒介，甚至也包含近年來與ＡＣＧ產業互動緊密的眾多衍生商品及服務。

藉由日本漫畫產業的例子，我們得以發現媒介在文化產業的建立及轉型中，確實經常發揮影響力，有時它影響市場的形成，有時則改變生產者的產製制度。我們也能發現日本漫畫出版社會時時依據當代主流媒介修正他們的媒體策略，也就是日本漫畫產業對於媒介的態度，視媒介為一種與消費者接觸的方式，才能觀察時代變化，找出最能有效接觸到消費者的辦法──這或許就是為什麼日本漫畫產業會發展為ＡＣＧ產業的原因吧！

附錄

延伸閱讀

〔戰後～五〇年代〕

李衣雲，《變形、象徵與符號化的系譜——漫畫的文化研究》。

Hajdu, David，《有害コミック撲滅！——アメリカを変えた 50 年代「悪書」狩り 》。

加藤丈夫，《「漫画少年」物語——編集者・加藤謙一伝》。

長谷川裕，《貸本屋のぼくはマンガに夢中だった》。

長岡義幸，《マンガはなぜ規制されるのか——「有害」をめぐる半世紀の攻防》。

吳智英，《現代マンガの全体像》。

佐藤敏章，《神様の伴走者手塚番 13+2》。

貸本マンガ史研究会編著，《貸本マンガ RETURNS》。

〔六〇年代〕

Caves, David，《文化創意產業——以契約達成藝術與商業的媒合（上）》。

Hesmondhalgh, David，《文化產業分析》。

Throsby, David，《文化經濟學》。

大野茂，《サンデーとマガジン》。

中野晴行，《マンガ産業論》。

長井勝一，《「ガロ」編集長》。

雜賀忠宏，〈文化生産の「場」の社会学的研究：日本マンガ産業における「創造性」と編集者の役割〉。

〔七〇年代〕

コミックマーケット準備会編，《コミックマーケット 30's ファイル—1975 - 2005》。

小長井信昌，《わたしの少女マンガ史》。

西村繁男，《さらば、わが青春の『少年ジャンプ』》。

內田勝，《「奇」の発想——みんな『少年マガジン』が教えてくれた》。

岩下朋世，《少女マンガの表現機構》。

〔八〇年代〕

李天鐸編，《文化創意產業讀本——創意管理與文化經濟》。

阿島俊，《漫画同人誌エトセトラ '82~'98 ——状況論とレビューで読むおたく史》。

渋谷直角編，《定本コロコロ爆伝 !! 1977-2009 ——「コロコロコミック」全史》。

新保信長，《消えたマンガ雑誌》。

〔九〇年代至今〕
Hills, Matt，《迷文化》。
Pine, B. Joseph II，Gilmore, James H.，《體驗經濟時代》。
李世暉，《文化經濟與日本內容產業——日本動畫、漫畫與遊戲的煉金術》。
コミック表現の自由を守る会編，《誌外戦——コミック規制をめぐるバトルロイヤル》。
石田佐恵子，山中千恵，村田麻里子編，《ポピュラー文化ミュージアム——文化の収集・共有・消費》。
河合良介，《萌える！経済白書》。

中日文對照

〔作家〕

吾妻ひでお	吾妻日出夫
いしいひさいち	石井壽一
いしかわじゅん	石川潤
一条ゆかり	一條由佳莉
植田まさし	植田正志
貝塚ひろし	貝塚弘司
向さすけ	向佐助
川崎のぼる	川崎伸
川崎ゆきお	川崎行雄
さいとう・たかを	齋藤隆夫

ジョージ秋山	George 秋山
すがやみつる	菅谷充
ちばてつや	千葉徹彌
寺田ヒロオ	寺田博雄
ひさうちみちお	久內道夫
增田のぞみ	增田 NOZOMI
美內すずえ	美內鈴惠
水木しげる	水木茂
宮尾しげ	宮尾重
望月あきら	望月 Akira
本宮ひろ志	本宮博志
森安なおや	森安直哉
もりたじゅん	森田順
矢代まさこ	矢代 Masako
山內ジョージ	山內 George
よこたとくお	橫田德男
わたなべまさこ	渡邊雅子

〔機構・公司・網站〕

あおば出版	Aoba 出版
赤目プロダクション	赤目 Production
朝日ソノラマ社	朝日 Sonorama 社
エポック社	epoch 社
エンターブレイン	enterbrain
ガイドワークス出版社	guideworks

学研ホールディングスHoldings（現名：学習研究社）	學研 Holdings（現名：學習研究社）
カプコンバー	CAPCOM BAR
ガンガンＯＮＬＩＮＥ	GAN GAN Online
ガンダムカフェ	Gundam Cafe
さいとう・プロダクション	齋藤 Production
少年画報社	少年畫報社
杉並アニメーションミュージアム	杉並動畫博物館
スクウェア・エニックス	SQUARE ENIX
鈴木プロ	鈴木 Production
青磁ビブロス（現名：ビブロス）	青磁 BiBLOS（現名：BiBLOS）
チャンネルゼロ	Channel Zero
データハウス出版社	DataHouse
電子書店パピレス	電子書店 Paples
フジオ・プロダクション	不二夫 Production
みのり書房	Minori 書房
メイド喫茶ミシュラン	女僕喫茶 Michelin
リサイクルまんが館	Recycle Manga 館
ルイーダの酒場	LUIDA'S BAR

〔作品・書刊〕

31歳BLマンガ家が婚活するとこうなる	31 歳 BL 漫畫家想婚結果變成這樣
8マン	8Man
Dragon Quest ダイの大冒険	勇者鬥惡龍 - 達伊的大冒險
GOLF コミック	GOLF Comic
SF マガジン	SF Magazine

UFO ロボグレンダイザー	金剛戰神
アカギ	Akagi
アサヒグラフ	朝日俱樂部
あしたのジョー	小拳王
アシュラ	阿修羅
アタック No.1	排球甜心、女排 No.1
アドルフに告ぐ	三個阿道夫
アラベスク	Arabesque
一番わかりやすい株式入門	易解股票入門
宇宙戦艦ヤマト	宇宙戰艦大和號
裏サンデー	裏 Sunday
ウルトラ Q	超異象之謎
エレクトクール	ElectCool
王家の紋章	王家的紋章、尼羅河女兒
黄金バット	黃金蝙蝠
おもしろブック	有趣 BOOK
俺の空	我的天空
学習漫画 - 世界の伝記	學習漫畫：世界傳記
風と木の詩	風與木之詩
カムイ伝	卡姆依傳
カムイ外伝	卡姆依外傳
カラーコミック	Color Comic
ガラスの仮面	玻璃假面
体脂肪40%腐女子、妄想力と粘着力で痩せました	體脂率 40% 的腐女如何靠妄想及執念減肥成功
かりあげクン	勒索君

ガロ	GARO
がんばれタブチくん	加油田淵君
機動戦士ガンダム	機動戦士鋼彈
近代麻雀	近代麻將
近代麻雀ゴールド	近代麻將 Gold
グッドコミック	Good Comic
グレープフルーツ	Grapefruit
劇画アリス	劇畫 Alice
ゲゲゲの鬼太郎	鬼太郎
月刊ギャグ	月刊 Gag
月刊コミックコンプ	月刊 Comic COMP
月刊プレイコミック	月刊 Play Comic
月光仮面	月光假面
ゲーム & ウオッチ	Game & Watch
このマンガがすごい！	這本漫畫不得了！
子連れ狼	帶子狼
子供マンガ新聞	兒童漫畫新聞
コミックアゲイン	Comic Again
コミック magazine	Comic magazine
ゴールデンコミックス	Golden Comic
ゴルフレッスンコミック	Golf Lesson Comic
コロコロコミック	Korokoro Comic
コンパクト・コミックス	Compact Comics
サザエさん	蠑螺小姐
サスケ	佐助

サスペリア	Suspiria
沙漠の魔王	沙漠的魔王
サンコミックス	Sun Comics
サンデーコミックス	Sunday Comics
ジャングル大帝	森林大帝、小白獅王
ジャンプ・コミックス	Jump Comics
週刊少女フレンド	週刊少女 Friend
週刊少女マーガレット	週刊少女 Margaret
週刊少年サンデー	週刊少年 Sunday
週刊少年ジャンプ	週刊少年 JUMP
週刊少年チャンピオン	週刊少年 Champion
週刊少年マガジン	週刊少年 MAGAZINE
週刊セブンティーン（現名：SEVENTEEN）	週刊 SEVENTEEN
週刊プレイボーイ	週刊 PLAY BOY
週刊漫画アクション	週刊漫畫 Action
週刊漫画サンデー	週刊漫畫 Sunday
週刊漫画 TIMES	週刊漫畫 TIMES
正チャンのぼうけん	小正的冒險
少女コミック	少女 Comic
少女マンガ家になれる本	你也能成為少女漫畫家
少年キング	少年 King
少年少女ＳＦマンガ競作大全集	少年少女科幻漫畫競作大全集
少年少女漫画と読み物	少年少女漫畫及讀物
少年忍者風のフジ丸	少年忍者風之藤丸
少年ブック	少年 Book

少年ワールド	少年 World
スーパーパチスロ 777	Super Pachislo777
スペースインベーダー	太空侵略者
声優グランプリ	聲優 Grand Prix
タイガー博士の珍旅行	Tiger 博士的奇妙旅行
探偵王	偵探王
ちかいの魔球	逼近的魔球、魔球投手
地球へ…	奔向地球
ちゃお	Ciao
デザイナー	Designer
鉄腕アトム	原子小金剛
テレビテニス	TV Tennis
東大式麻雀入門 - 池田書店の東大式麻雀	東大式麻將入門
となりのヤングジャンプ	隔壁的 Young Jump
トーマの心臓	天使心
なかよし	好朋友
日本経済入門	日本經濟入門
のらくろ	野狗黑吉
ノンキナトウサン	悠閒的爸爸
パチプロ 7	Pachislo 7
花とゆめ	花與夢
ぱふ	Puff
ハリスの旋風	萬能旋風兒
ハレンチ学園	不知羞恥學園
ハロウィン	Halloween

ぴあ	PIA
ビッグコミック	Big Comic
ビッグコミックスピリッツ	Big Comic Spirits
ビッグコミックスペリオール	Big Comic Superior
ビッグコミックフォアレディ	Big Comic for Lady
日出処の天子	日出處天子
人の一生	人的一生
日の丸旗之助	日之丸旗之助
ファミコン通信	Fami 通
プリティ プリティ	Pretty Pretty
フリテンくん	振聽君
プリンセス	Princess
プレイコミック	Play Comic
別冊マーガレット	別冊 Margaret
別冊フレンド	別冊 Friend
別冊りぼん	別冊緞帶
ベルサイユのばら	凡爾賽玫瑰
ボイスアニメージュ	Voice animage
冒険ダン吉	冒險彈吉
ポーの一族	波族傳奇
ホラーパーティ	Horror Party
ぼくら	我們
星空のカラス	星空下的烏鴉
ほんとにあった怖い話	真實存在的恐怖故事
マーガレット・コミックス	Margaret Comics

魔法使いサリー	魔法使莎莉
マル勝ファミコン	勝法米通
漫画エロジェニカ	漫畫 Ero Jennica
まんが王	漫畫王
マンガ奇想天外	漫畫奇想天外
まんがゴールデンスーパーデラックス	漫畫 Golden Super Deluxe
漫画大快楽	漫畫大快樂
まんがタイムオリジナル	Manga Time Original
漫画太郎	漫畫太郎
マンガ茶の湯入門	漫畫茶入門
まんがでわかる民法	漫畫說民法
漫画読本	漫畫讀本
漫画少年	漫畫少年
漫画パチンカー	漫畫柏青哥
漫画パチンコ 777	漫畫柏青哥 777
マンガボックス	Manga Box
モンスター娘のいる日常	日常家有怪物女兒的日常
モーニング	Morning
ヤングサンデー	Young Sunday
ヤング．ジャンプ	Young Jump
ヤングコミック	Young Comic
りぼん	緞帶
リボンの騎士	緞帶騎士、寶馬王子

國家圖書館出版品預行編目（CIP）資料

宅經濟誕生秘話——日本漫畫產業告訴我的事 / 張資敏著 . -- 初版 . -- 臺北市 : 奇異果文創 , 2017.02
224 面 ; 14.8×21 公分 . --（緣社會 ; 10）
ISBN 978-986-93963-2-5（平裝）

1. 次文化 2. 網路文化 3. 動漫

541.3 105024050

緣社會
010

宅經濟誕生秘話

作　　者　張資敏

美術設計　蘇品銓
編輯助理　周愛華
總 編 輯　廖之韻
創意總監　劉定綱

法律顧問　林傳哲律師　昱昌律師事務所

出　　版　奇異果文創事業有限公司
地　　址　臺北市大安區羅斯福路三段 193 號 7 樓
電　　話　(02) 23684068
傳　　真　(02) 23685303
網　　址　https://www.facebook.com/kiwifruitstudio
電子信箱　yun2305@ms61.hinet.net

總 經 銷　紅螞蟻圖書有限公司
地　　址　臺北市內湖區舊宗路二段 121 巷 19 號
電　　話　(02) 27953656
傳　　真　(02) 27954100
網　　址　http://www.e-redant.com

印　　刷　永光彩色印刷股份有限公司
地　　址　新北市中和區建三路 9 號
電　　話　(02) 22237072

初　　版　2017 年 2 月 8 日
I S B N　978-986-93963-2-5
定　　價　新臺幣 300 元